U0676688

海波 ◎ 著

论中国经济变革

山西出版传媒集团　山西经济出版社

图书在版编目(CIP) 数据

论中国经济变革 / 汪海波著. —太原：山西经济出版社，2023.11
ISBN 978-7-5577-1177-1

Ⅰ.①论… Ⅱ.①汪… Ⅲ.①中国经济史—研究—现代 Ⅳ.①F129.7

中国国家版本馆 CIP 数据核字(2023)第 147229 号

论中国经济变革
LUN ZHONGGUO JINGJI BIANGE

著　　者：汪海波
出 版 人：张宝东
策 划 人：杨培英
项目总监：李慧平
责任编辑：宁姝峰
助理编辑：姚　岚
装帧设计：赵　娜

出 版 者：山西出版传媒集团·山西经济出版社
社　　址：太原市建设南路 21 号
邮　　编：030012
电　　话：0351-4922133 （市场部）
　　　　　0351-4922085 （总编室）
E-mail：scb@sxjjcb.com（市场部）
　　　　zbs@sxjjcb.com（总编室）

经 销 者：山西出版传媒集团·山西经济出版社
承 印 者：山西出版传媒集团·山西人民印刷有限责任公司

开　　本：890mm×1240mm　　 1 /32
印　　张：6.625
字　　数：120 千字
版　　次：2023 年 11 月　第 1 版
印　　次：2023 年 11 月　第 1 次印刷
书　　号：ISBN 978-7-5577-1177-1
定　　价：39.00 元

目录

导论

笔者于 2019 年出版了《中国经济 70 年》[①]，分 11 篇阐述了新中国经济发展 70 年的历史过程。第一篇为新民主主义社会的经济——经济恢复时期（1949 年 10 月—1952 年）；第二篇为从新民主主义社会到社会主义社会过渡时期的经济——社会主义工业化初步基础建立时期（1953—1957 年）；第三、四、五、六篇为计划经济体制时期的经济——"大跃进"阶段（1958—1960 年）、经济调整阶段（1961—1965 年）、"文化大革命"阶段（1966—1976 年）、经济恢复与"洋跃进"阶段（1976—1978 年）；第七篇为市场取向改革起步阶段的经济——以实现经济总量翻两番、人民生活达到小康水平为战略目标的社会主义建设新时期（1979—1984 年）；第八篇为市场取向改

[①] 汪海波、刘立峰：《中国经济 70 年》，山西经济出版社，2019。

革全面展开阶段的经济——以实现经济总量翻两番、人民生活达到小康水平为战略目标的社会主义建设新时期（1985—1992年）；第九篇为市场取向改革制度初步建立阶段的经济——以实现经济总量（或人均国民生产总值）翻两番、人民生活达到小康水平为战略目标的社会主义建设新时期（1993—2000年）；第十篇为市场取向改革制度完善阶段的经济——以全面建设小康社会为战略目标的社会主义建设新时期（2001—2011年）；第十一篇为以市场取向改革为重点的全面深化改革阶段的经济——以全面建成小康社会为战略目标的社会主义建设新时期（2012—2018年）。

作为史学著作，该书没有也不可能对这70年经济发展历程进行系统的、深层次的、根本性的分析。为此，本书作为理论著作试图在这方面做出尝试。

本书撰写的指导思想，与作为史学著作的《中国经济70年》并无二致，都是以中国化的马克思主义作为指导思想，即以毛泽东思想、邓小平理论、"三个代表"重要思想和科学发展观与习近平新时代中国特色社会主义思想为根本思想。因而本书撰写也遵循着《中国经济70年》提到的原则，包括必须坚持实事求是的原则，必须坚持生产力的标准，必须坚持中国共产党的领导在经济变革和经济发展中的决定作用，必须坚持作为基本经济制度的生产资料所有制和作为其实现形式的经济体制的相互关系理论，必须坚持生产资料所有制是生产关系总和的理论，必须坚持作为辩证法核心的矛盾法则，必须坚持作为辩证法本质的"批评的革命"精神，必须把数量关系研究、创新研究贯穿全书，必须坚持党的十八大以来以习近平同志为核心的党中央提出的一系列新理念。[①]

但作为理论著作，本书在分篇标准上与《中国经济 70 年》却有原则上的区别。笔者着眼于揭示新中国经济 70 年的历史发展过程，因而要以这个过程在各个发展阶段上的重要特征作为分篇的标准。或者说，着眼于揭示决定 70 年经济发展过程的客观规律，因而是以这个规律在各个时期作用的特征作为划分的标准。

也正是由于这一点，作为历史唯物主义基本原理的生产力决定生产关系的规律在此起着主要的决定作用。据此，本书分为以下四篇：第一篇，建立新民主主义社会的经济制度——中国第一次经济变革；第二篇，建立社会主义社会的经济制

---

① 汪海波、刘立峰：《中国经济 70 年》，第 1—9 页。

度——中国第二次经济变革；第三篇，建立中国特色社会主义经济制度——中国第三次经济变革；第四篇，建立习近平新时代中国特色社会主义经济制度——中国第四次经济变革。

本书在分析方法上与《中国经济70年》也有原则区别。《中国经济70年》主要采取历史叙述的方法；本书作为理论著作主要采取抽象的理论分析方法。当然，这两种分析方法也不是决然分开的，而是有着相互联系的。①还需说明，本书在进行理论分析时，以与之相联系的系统统计数据作为依据。可以说，这也是本书在分析上一个特点。

---

① 汪海波、刘立峰：《中国经济70年》，第11页。

第一章

建立新民主主义社会的经济制度

——中国第一次经济变革

第一节　新民主主义社会论

　　马克思主义是由其创始人马克思、恩格斯创立的。由列宁创立的列宁主义是马克思主义创立后第一次划时代的发展。毛泽东思想是马克思主义中国化的首创者，同时又是继列宁之后马克思主义第二次划时代的发展。

　　新民主主义社会论的建立是毛泽东实现马克思主义中国化的开端，是毛泽东思想的最重要的组成部分。

　　但就我国学界来看，中国是否存在着独立的新民主主义社会，长期以来是不明确的，甚至还有争议。特别是 1953 年提出过渡时期就是新民主主义时期以后，是否有一个独立的、与过渡时期相区别的新民主主义社会，在理论上变得更加模糊起来。1955 年又进一步把"从新民主主义社会过渡到社会主义社会"的提法改为"从资本主义到社会主义的过渡"的提法，在理论上是否存在新民主主义社会于是从根本上有了问题。

就本书而言，新民主主义社会论则是新中国实现第一次经济变革的理论基础。如果否定了这一论断，那么建立新民主主义社会制度就成了无源之水、无本之木。

为此，需要详述毛泽东关于新民主主义社会的理论。实际上，毛泽东曾经对这个问题做过多次明确全面而系统深刻的论述。

在这方面，当首推《中国革命和中国共产党》一书。该书第一次系统论证了中国社会的性质以及与之相联系的中国革命的对象、任务、动力和前途①等问题。

该书还明确提出，中国正在进行的这种新民主主义革命"在政治上是几个革命阶级联合起来对于帝国主义者和汉奸反动派的民主专政，反对把中国社会造成资产阶级专政的社会。它在经济上是把帝国主义者和汉奸反动派的大资本大企业收归国家经营，把地主阶级的土地分配给农民所有，同时保存一般的私人资本主义的企业，并不废除富农经济。因此，这种新式的民主革命，虽然在一方面是替资本主义扫清道路，但在另一

---

① 毛泽东：《毛泽东选集》，第 2 卷，人民出版社，1991，第 626—650 页。

方面又是替社会主义创造前提。中国现时的革命阶段，是为了终结殖民地、半殖民地、半封建社会和建立社会主义社会之间的一个过渡的阶段，是一个新民主主义的革命过程"。"所谓新民主主义的革命，就是在无产阶级领导之下的人民大众的反帝反封建的革命。中国的社会必须经过这个革命，才能进一步发展到社会主义的社会去，否则是不可能的"。[①]

1940 年毛泽东在他写的《新民主主义论》一文中，进一步明确提出了新民主主义社会的概念，并从经济、政治和文化三方面完整地揭示了新民主主义社会的形态。

它指出，中国现时社会的性质，既然是殖民地、半殖民地、半封建社会的性质，就决定了中国革命必须分为两个步骤。第一步，改变这个殖民地、半殖民地、半封建的社会形态，使之变成一个独立的新民主主义社会。第二步，使革命向前发展，建立一个社会主义社会。

在政治方面，这种新民主主义共和国，一方面同欧美式的、资产阶级专政的、资本主义共和国不同；另一方面也和苏联式的、无产阶级专政的、社会主义共和国不同。它是由无产

---

① 毛泽东：《毛泽东选集》，第 2 卷，第 647 页。

阶级领导的几个反对帝国主义的阶级联合起来共同专政的新民主主义国家。

在经济方面，大银行、大工业、大商业归这个共和国的国家所有。在无产阶级领导下的新民主主义共和国的国营经济是社会主义的性质，是整个国民经济的领导力量。但这个共和国并不没收其他资本主义的私有财产，并不禁止不能操纵国计民生的资本主义的发展。

这个共和国将没收地主的土地，分配给无地和少地的农民，扫除农村中的封建关系，把土地变为农民的私有财产。同时，农村的富农经济也是允许存在的。

在文化方面，新民主主义的文化就是无产阶级领导的人民大众的反帝反封建文化。而民族的科学的大众的文化，就是人民大众的反帝反封建的文化。

新民主主义的政治、新民主主义的经济和新民主主义的文化相结合，这就是新民主主义共和国。①

1945 年，毛泽东在党的第七次全国代表大会上所做的政治

---

① 毛泽东：《毛泽东选集》，第 3 卷，第 666、678—679、706—709 页。

报告《论联合政府》，依据马克思主义的基本原理和中国的具体实践，再一次全面阐述了新民主主义社会的经济、政治和文化纲领。强调指出："没有一个新民主主义的联合统一的国家，没有新民主主义的国家经济的发展，没有私人资本主义经济和合作社经济的发展，没有民族的科学的大众的文化即新民主主义文化的发展，没有几万万人民的个性的解放和个性的发展，一句话，没有一个由共产党领导的新式的资产阶级性质的彻底的民主革命，要想在殖民地半殖民地半封建的废墟上建立起社会主义社会来，那只是完全的空想。""在中国的条件下，在新民主主义的国家制度下，除了国家自己的经济、劳动人民的个体经济和合作经济之外，一定要让私人资本主义经济在不能操纵国民生计的范围内获得发展的便利，才能有益于社会的向前发展。"①

1949 年毛泽东在《目前形势和我们的任务》的报告中，进一步明确提出了新民主主义革命的三大经济纲领，指出："没收封建阶级的土地归农民所有，没收蒋介石、宋子文、孔祥熙、陈立夫为首的垄断资本归新民主主义的国家所有，保护民

---

① 毛泽东：《毛泽东选集》，第 3 卷，第 1060—1961 页。

族工商业。这就是新民主主义革命的三大经济纲领。"总起来说，新中国的经济构成为：①国营经济，这是领导的成分；②由个体逐步地向着集体方向发展的农业经济；③独立小工商业者的经济和小的、中等的私人资本经济。这些，就是全部新民主主义经济的国民经济。"①

毛泽东在 1949 年党的七届二中全会上的报告中，又进一步提出了新民主主义经济形态的概念，指出："国营经济是社会主义性质的，合作社经济是半社会主义性质的，加上私人资本主义，加上个体经济，加上国家和私人合作的国家资本主义经济，这些就是人民共和国的几种主要的经济成分，这些就构成新民主主义的经济形态。"强调不这样做，"就不能由新民主主义社会过渡到将来的社会主义社会"。②

以上毛泽东关于新民主主义社会的理论，被中国人民政治协商会议许可接受，并写入起临时宪法作用的《中国人民政治协商会议共同纲领》中。"中华人民共和国必须取消帝国主义国家在中国的一切特权，没收官僚资本归人民的国家所有，有

---

① 毛泽东：《毛泽东选集》，第 4 卷，第 1353—1356 页。
② 同上书，第 1432—1433 页。

步骤地将封建半封建的土地所有制改变为农民的土地所有制，保护国家的公共财产和合作社的财产，保护工人、农民、小资产阶级和民族资产阶级的经济利益及其私有财产，发展新民主主义的人民经济，稳步地变农业国为工业国。"[①]

上述毛泽东关于新民主主义社会的历史分析，以及《中国人民政治协商会议共同纲领》铁的事实证明：包括新民主主义的经济、政治、文化在内的新民主主义社会的理论，是完全能够成立的，那种怀疑甚至否定新民主主义社会的说法，是完全没有根据的。

为了进一步证明这一点，这里还需提到两个重要证据：

第一，党的十九大修改通过的《中国共产党章程》在《总纲》中提出：在毛泽东思想指引下，"取得了新民主主义革命的胜利，建立了人民民主专政的中华人民共和国；新中国成立以后，顺利地进行了社会主义改造，完成了从新民主主义到社会主义的过渡，确立了社会主义基本制度，发展了社会主义的

[①] 中国人民大学中国革命史教研室：《中国人民政治协商会议文件选集》，中国人民大学出版社，1992，第37页。

经济、政治和文化"。①

就我们这里论述的问题来说，值得着重注意："新中国成立以后，顺利地进行了社会主义改造，完成了从新民主主义到社会主义的过渡。"显而易见，如果新中国成立以后，不存在独立的新民主主义社会，何来"完成了从新民主主义到社会主义的过渡"之说。

第二，习近平总书记在 2021 年发表的《把握新发展阶段，贯彻新发展理念，构建新发展格局》重要论文中提出："新中国成立之初，我们党深刻认识到，从新民主主义社会进入社会主义社会需要经历一个过渡阶段，由此形成了党在过渡时期的总路线，胜利完成了社会主义革命任务，进入了社会主义建设阶段。"②这就再明确不过地表明：新中国成立以后，存在一个新民主主义社会。

上述由毛泽东创立的新民主主义社会的理论，正是本书提出的新中国成立之后实现第一次经济变革的理论基础。

---

①本书编写组编《中国共产党第十九次全国代表大会文件汇编》，人民出版社，2017，第 67 页。

②习近平：《把握新发展阶段，贯彻新发展理念，构建新发展格局》，《求是》2021 年第 9 期。

第二节　建立新民主主义
社会经济制度的客观必然性

新民主主义社会经济制度的建立，是通过消灭半殖民地半封建社会经济制度实现的。这是同一个问题的两个方面，二者是密不可分的，但从抽象的理论分析来说，仍然需要分别叙述这两个方面的客观必然性。

为了便于说明这一问题，先有必要简述半殖民地半封建社会经济制度的主要构成和新民主主义社会经济制度的主要构成。前者为帝国主义经济、封建主义经济和官僚垄断资本主义经济占统治地位。后者则为社会主义国营经济[①]占国民经济主

[①] 这里需要说明：在 1978 年经济体制改革以前，社会主义国有经济所有权与经营权是合一的。本书将其统称为社会主义国营经济。但在改革以后，国有经济的所有权和经济权逐步发生了分离。本书将其统称为社会主义国有经济。

导地位，包括个体农民经济和资本主义经济。

从根本上说来，新民主主义社会的建立，是社会主义生产力决定社会生产关系这一客观规律发生作用的结果。按照历史唯物主义这一客观规律，一种社会经济制度之所以必然产生，是由于它适应社会生产力发展的客观要求；反之，一种社会经济制度之所以必然灭亡，就是由于它不仅不能适应社会生产力发展的要求，而且是社会生产力发展的桎梏。这一点，是与生产力和生产关系各自特性相联系的。一般说来，决定生产力的各个生产要素（包括劳动力和生产资料等）处于经常发展的状态；但受制于生产关系各经济主体利益的制约，其往往处于相对固定的状态。这样，一种生产关系就由初期适应和促进社会生产力发展的状态，逐渐转变为阻碍社会生产力发展的状态，从而必然趋于灭亡。

半殖民地半封建中国社会经济制度的灭亡和新民主主义社会经济制度的产生，也是社会生产力发展决定社会生产关系这一客观规律作用的结果。

一、半殖民地半封建社会经济制度灭亡的客观必然性

（一）帝国主义经济

就半殖民地半封建中国社会经济制度来说，居于主导地位的帝国主义经济是阻碍和破坏中国社会生产力的主要因素。其突出表现在以下几方面：

第一，帝国主义国家对中国的殖民统治，主要是由它们发动的多次侵略战争来实现的，包括 1840 年英国对中国发动的鸦片战争，1857 年的英法联军战争，1884 年的中法战争，1894 年的中日甲午战争，1900 年的八国联军战争，1931—1945 年长达 14 年的中日战争。这些战争破坏了中国无数国民财富，杀伤了作为主要生产要素的劳动人口，破坏了大量的生产设备，并索取了巨额的赔款，还占领了中国的部分领土。例如，英国占领了香港，法国"租界"了广州湾，日本占领了台湾和澎湖列岛并"租界"了旅顺。这一切表明：帝国主义国家通过多次侵略战争，不仅严重破坏了中国当时的生产力，而且掠夺了大量中国发展经济的各种资源（包括领土和资金等）。

第二，帝国主义国家还强迫中国签订了众多侵犯中国经济、政治、军事主权的不平等条约。依据这些条约，帝国主义国家控制了中国的工业、金融、财政和进出口贸易等领域，在经济上处于垄断地位。例如，在全部中国工业资本总额中，1936 年帝国主义经济就占到了 61.4%，直到 1946 年还占到 32.8%。见表 1–1。

表 1-1　1936 年和 1946 年中国社会工业资本所有制构成[①]

（不包括东北和台湾地区，按 1936 年不变价格计算）

单位：%

所有制构成类别	1936 年	1946 年
帝国主义在华工业资本	61.4	32.8
中国工业资本	38.6	67.2

再如，抗日战争以前，帝国主义国家独占了中国煤产量的 70%、发电量的 76%、铁路里程的 90.7%、[②] 对外航运吨位的 83.8%、国内航运吨位的 61%。[③]

帝国主义国家正是依托其在华的经济垄断地位，首先是肆无忌惮、野蛮、残酷地剥削工人，榨取剩余价值率达到了惊人的程度，从中攫取了高额的垄断利润。据 1934—1936 年对外商在华纱厂的调查，华商纱厂账面利润率为 5%—14.4%，而外商纱厂则高达 14.6%—32.3%。[④]

---

① 陈真编《中国近代工业史资料》，第 4 辑，三联书店，1961，第 53 页。

② 严中平　等编《中国近代经济史统计资料选辑》，科学出版社，1955，第 124 页。

③④ 同上书，第 168 页。

　　帝国主义国家还依托其在华的经济垄断地位，大肆掠夺中国的原料，并在中国市场上推销其产品。在这些方面都是依照帝国主义国家控制的垄断价格进行的。其突出表现就是：帝国主义国家把对中国出口的商品的价格抬得很高，把从中国进口的商品的价格压得很低。这就必然形成不等价的交换。例如，1934—1936 年这 3 年，中国对外出口的铁矿石价格仅分别增长了 1.4 倍、2.1 倍和 2 倍，但钢铁的进口价格却增长了 27 倍、15 倍和 18 倍。[①]这就突出表明在这方面存在巨大的不等价交换。

　　第三，帝国主义国家根据不平等条约在中国各自形成了自己的势力范围。它们在各自控制的势力范围内拥有各种特权。这就分割了中国正在形成的统一市场，严重阻碍了市场在配置社会生产资源方面积极作用的发挥。

　　第四，帝国主义国家依托其垄断经济地位，排斥自由竞争，这从原料采购到商品销售等方面抑制了作为当时先进生产力主要载体的中国民族资本主义的发展。

　　第五，帝国主义国家依托其强大的经济实力，培植了从城

---

　　① 严中平 等编《中国近代经济史统计资料选辑》，第 190 页。

市到乡村为其服务的庞大商业和高利贷剥削网。

第六，帝国主义经济与地主经济和反动政权存在着密切的相互依存关系，成为强化地主经济和反动政权强有力的支撑力量。这些又进一步加强了其对中国人民（主要是农民）的剥削和压迫。

上述史实确凿证明：帝国主义经济是阻碍当时中国社会生产力发展的主要因素。

（二）封建主义经济

封建主义经济是阻碍半殖民地半封建中国社会生产力发展的另一个主要因素。

在半殖民地半封建的中国，农业是整个国民经济的主要生产部门。在这方面，封建主义的土地所有制经济占主要地位。占人口不到 10% 的地主和富农拥有农村 70% 以上的土地，而占农村人口 90% 的都是无地和少地的贫苦农民，这些雇农、贫农和中农占有的土地还不足 30%。[①]

封建剥削的主要形式是实物地租。在一般情况下，实物地租要占到土地收成的 40% 或 50%，高的达到 60%—70%，最低

---

① 国家统计局编《伟大的十年》，人民出版社，1959，第 29 页。

的也不少于 25%。[1]

除了沉重的地主剥削之外，还有代表帝国主义和封建主义统治的政府实行的各类苛捐杂税。同时伴随帝国主义发动的多次侵略战争和反动统治者内部频繁的军阀混战，加在农民头上的苛捐杂税必然有增无减。

在这种残酷的剥削下，作为农业劳动力的农民生活生计都难以维持，更勿论进行农业的扩大再生产，甚至连简单的再生产都难以做到，这就使得中国农业长期陷入停滞和倒退的境地。

（三）官僚资本经济

从帝国主义入侵中国开始，就竭力培植为其服务的买办资本。在 1928 年蒋介石窃取了国民政府的统治权以后，与买办资本相结合的官僚资本开始急剧膨胀。到了抗日战争时期，蒋介石集团更是肆意掠夺国家资产，官僚资本发展到了顶峰。其主要标志就是形成了蒋（介石）、宋（子文）、孔（祥熙）、陈（立夫）四大家族。毛泽东曾经深刻地揭示了这一点："蒋宋孔陈四大家族，在他们当权的二十年中，已经集中了价值达一

─────────────

　　[1] 朱伯康、施正康：《中国经济史》（下卷），复旦大学出版社，2005，第 601—603 页。

百万至二百万美元的巨大资产，垄断了全国的经济命脉。这个垄断资本，和国家政权结合在一起，成为国家垄断资本主义。这个垄断资本主义，同国外帝国主义、本国地主阶级和旧式富农密切地结合着，成为买办的、封建的国家垄断资本主义。这就是蒋介石反动政权的经济基础。"①

蒋介石集团在掠夺国民财富方面所采取的手段达到了无所不用其极的地步。正是这一点，使他拥有的资本急剧膨胀，迅速发展为在国民经济中居于垄断地位的资本。在中国的工业资本总额中，1936 年官僚资本主义工业占的比重还只有 15.0%，但到 1946 年，这个比重就急剧上升到 67.3%，居于垄断地位。见表 1–2。

表 1–2　1936 年和 1946 年中国工业资本所有制结构②

（不包括东北和台湾地区，按 1936 年不变价格计算）

单位：%

所有制构成类别	1936 年	1946 年
官僚资本主义工业资本	15.0	67.3
民族资本主义工业	85.0	32.7

① 毛泽东：《毛泽东选集》，第 3 卷，人民出版社，1991，第 1253 页。
② 陈真编《中国近代工业史资料》，第 4 辑，第 153 页。

国民党政府掠夺国民财富的惯用手法，就是长期推行恶性通货膨胀政策。据计算，在 1937 年 6 月到 1945 年 5 月的 12 年间，国民党政府发行的纸币量增长了 1445.65 倍，随之而来的是物价指数上升 368076.92 倍。[①] 这一点，无论是在中国现代史上，或者世界现代史上都是绝无仅有的。第一次世界大战以后，德国以马克计算的物价指数上升了 12616 倍，这已经是世界现代物价史上的天文数字。而由国民党政府推行的恶性通货膨胀政策导致的上述物价指数超过了德国的 28.18 倍。

国民党政府长期推行恶性通货膨胀政策，目的在于支持庞大的军费支出，以挽救其垂危的反动统治，并从中攫取巨额的国民财富，强化其在国民经济的垄断地位。这种做法导致整个国民经济崩溃，极大地破坏了社会生产力，并成为加速其灭亡的一个重要因素。

可见，在半殖民地半封建社会，帝国主义、封建主义和官僚垄断资本主义是阻碍生产力发展的主要因素，使得中国社会

---

① 中国科学院上海经济研究所、上海社会科学院经济研究所编《上海解放前后物价资料汇编（1921—1957）》，上海人民出版社，1958，第 50—51 页。其中，1948—1949 年发行的金元券是按 1 金元券与 300 万法币的比数折算的。

生产力处于极其落后的状态。其主要标志是：

第一，这一时期在社会生产中一直居于主要地位的农业生产技术，主要还是延续几千年来的以人力和畜力为主的古老生产方式，而采用近代生产技术的工业在社会生产中的占比虽有上升，但幅度不大。在 1933—1949 年期间，农业在国民收入中的占比不仅没有下降，反而由 61.4%上升到 68.4%，而工业占比虽有上升，但幅度很小，仅由 10.3%上升到 12.6%。见表1-3 和表 1-4。其中的一个重要原因，就是这一时期的战争（特别是 1931—1945 年期间日本对华发动的侵略战争）对工业的破坏比对农业的破坏程度要严重得多。这也清楚地暴露出帝国主义对半殖民地半封建中国的统治和掠夺，是阻碍中国社会生产力发展的最重要因素。

表1-3　1933 年中国农业和工业产值及占国民收入的比重[①]

类别	绝对值 / 百万元	占比 / %
农业	12271	61.4
工业	2076	10.3

[①] 巫宝三主编《中国国民所得》，上册，中华书局，1949，第 12 页。

表 1-4　1949 年中国农业和工业产值及占国民收入的比重[1]

类别	绝对值 / 亿元	占比 / %
农业	245	68.4
工业	45	12.6

　　这里需要说明，表 1-3 和表 1-4 的货币单位是有差别的。前者是国民党政府发行的纸币，后者是新中国成立后人民政府发行的纸币。但就这里考察的农业和工业在国民收入中的占比来说，这种差别并无多大影响，故两表所显示的农业和工业占比走势大体上是能成立的。

　　第二，即使是使用近代和现代生产技术的工业，相对于当时工业生产技术比较先进的国家，技术也是很落后的。主要表现是：一是在全部工业中，大机器工业的占比很低。据估算，1933 年，在全部工业制造业中，大机器工业仅占到 27%，手工业（包括独立的手工业和家庭手工业）竟占到了 73%。[2] 二

---

① 国家统计局编《国民收入统计资料汇编（1949—1985）》，中国统计出版社，1987。

② 巫宝三主编《中国国民所得》，上册，第 13 页。

是在大机器工业中，机械化程度也很低。这一点在民族资本主义工业中表现尤为明显。根据 1946—1947 年对上海工业机械业同业工会会员登记的调查，在 708 家机械化工厂中，平均每厂有职工 21 人，机床 10.33 台。其中，拥有 5 台以下机床的厂占总厂数的 38.28%，拥有 6—10 台的占 35.72%，拥有 10—20 台的占 16.10%，拥有 21—25 台的占 7.63%，拥有 50—100 台的占 1.98%，拥有 100 以上的仅占 0.38%。[①] 这种情况表明：中国民族资本主义机械化生产的工业，实际上还是半机械化生产。

如此，半殖民地半封建中国工业的生产水平就必然很低，表 1-5 的资料清楚地表明了这一点。但就是这样一个很低水平的产量，到 1949 年除个别产品以外，还大大下降。下降的幅度最低的也有 13.9%，最高的达到 83.7%。

为了进一步揭示这一时期工业生产水平低的状况，还可将此同经济发达的美国和经济不发达的印度做一对比。表 1-6 资料表明：1949 年中国工业产品产量比美国同类产品产量低几倍、几十倍、几百倍以至 2000 多倍。在表中列举的 14 种工业

---

① 巫宝三主编《中国国民所得》，上册，第 13 页。

表 1–5 半殖民地半封建中国主要工业产品最高年产量
和 1949 年的对比情况①

产品名称	单位	年份	最高年产量	1949 年	
				产量	占最高年产量的比重 /%
原煤	亿吨	1943	0.62	0.32	51.6
原油	万吨	1943	32	15	46.9
发电量	万千瓦时	1941	60	43	71.7
钢	万吨	1943	92.3	15	16.3
生铁	万吨	1943	180	25	13.9
水泥	万吨	1942	229	26	11.4
平板玻璃	万标准箱	1943	129	108	83.7
硫酸	万吨	1942	18	4	22.2
纯碱	万吨	1940	10	8	80
烧碱	万吨	1941	1.2	1.5	125
金属切割机床	万台	1941	0.54	0.16	29.6
纱	万吨	1933	44.5	32.7	73.5
布	万米	1936	27.9	18.9	67.7
火柴	万箱	1937	860	672	78.1
原盐	万吨	1943	392	299	76.3
糖	万吨	1936	41	20	48.8
卷烟	万箱	1947	236	160	67.8

---

① 国家统计局编《中国统计年鉴（1984）》，中国统计出版社，1984，第 249 页。

表 1-6　1949 年中国工业产品产量与美国及印度之比较①

产品名称	单位	产量（中国）	美国		印度	
			产量	倍数	产量	倍数
原煤	亿吨	0.32	4.36	13.63	0.32	1
原油	万吨	12	24892	2074.33	25	2.08
发电量	亿千瓦时	43	3451	80.26	49	1.14
钢	万吨	15.8	7074	447.72	137	8.67
生铁	万吨	25	4982	199.28	164	6.56
水泥	万吨	66	3594	54.45	186	2.82
平板玻璃	万吨标准箱	108	—	—	—	—
硫酸	万吨	4	1037	259.25	10	2.5
纯碱	万吨	8.8	35	3.98	1.8	0.2
烧碱	万吨	1.5	202	134.67	0.6	0.4
金属切割机床	万台	0.16	11.6	72.5	—	—
纱	万吨	32.7	171.5	5.24	61.5	1.88
布	亿米	18.9	76.8	4.06	34.6	1.83
火柴	万箱	672	—		—	
原盐	万吨	299	1413	4.73	202	0.68
糖	万吨	20	199	9.95	118	5.9
卷烟	万箱	160	770	4.81	44	0.28

① 国家统计局编《中国统计年鉴（1984）》，第 81 页；《国外经济统计资料》编辑小组编《国外经济统计资料（1949—1976）》，中国财政经济出版社，1979，第 13 页。

产品中，中国只有 4 种高于印度，1 种同印度相等，其余 9 种都低于印度。

第三，农业生产水平更低。就是这样很低的农业生产，到 1949 年还比此前最高年份产量大大下降。表 1-7 资料表明：作为主要农产品的粮食和棉花的产量，1949 年比新中国成立前最高年份分别下降了 22.1% 和 47.6%。

表 1-7　1949 年粮食和棉花产量与新中国成立前
最高年份产量对比[①]

产品	新中国成立前最高年产量	1949 年产量
粮食	2774（亿斤）	2162（亿斤）
棉花	1698（万担）	889（万担）

第四，中国经济总量在世界经济总量中的占比也大幅下降。据计算，1840—1950 年，中国国内生产总值在世界总量中的占比，由 1/3 下降到了 1/20。[②] 同时，人均国内生产总值与世界平均值之间的差距也大大扩大。1830 年，中国人均国内生

----

① 国家统计局编《伟大的十年》，第 105 页。
② 安格斯·麦迪森：《中国经济的长期表现》（第 2 版），上海人民出版社，2008，第 1 页。

产总值和世界人均国内生产总值分别为 600 国际元和 667 国际元，二者只差 67 国际元。但到 1950 年，二者分别为 439 国际元和 2111 国际元，差距扩大到 1672 国际元，扩大了近 25 倍。见表 1-8。

表 1-8　1830 年和 1950 年中国与世界人均国内生产总值对比[①]

（1990 年国际元）

年份	中国人均国内生产总值	世界人均国内生产总值
1830	600	667
1950	439	2111

以上这些数据表明：在半殖民地半封建中国，帝国主义、封建主义和官僚资本主义经济制度与社会生产力发展之间的矛盾，已经达到了十分尖锐的程度，其灭亡是必然的。

二、新民主主义社会经济制度建立的客观必然性

在新民主主义社会的经济制度中，居于主导地位的是社会主义国营经济。国营经济制度是适合社会生产力发展要求的。国营经济不仅可以从根本上消除官僚资本主义阻碍社会生产力

---

① 安格斯·麦迪森：《世界经济千年统计》，北京大学出版社，2009，第 271 页。

发展的各种弊端，而且可以成为主导和促进整个新民主主义经济发展的决定性力量，主要表现为：

第一，国营经济内部可以根本消除官僚资本主义经济中原有的阻碍和破坏社会生产力的各种矛盾，改变工人被剥削被压迫的局面，使工人成为主人翁，并获得其应有的劳动成果。这样，就从根本上提高了作为主要生产要素的工人的政治地位和经济地位，极大地激发了他们的劳动积极性。

第二，国营经济处于国民经济的主导地位，使得作为其表现形式的计划经济体制得以建立，初步发挥了计划经济体制在有效配置社会生产资源方面的作用，显著提高了社会的经济效益。

第三，如前所述，在新民主主义经济中存在多种所有制经济成分，它们之间是一种矛盾统一的关系。充分发挥其统一一面的作用，合理解决它们之间的矛盾，是充分发挥其积极性的一个重要因素。

个体农民经济是新民主主义经济的重要组成部分。在新民主主义经济中，作为主要生产要素的农民从根本上摆脱了封建主义土地所有制对他们的剥削和压迫，成为农业生产的主人。其一，在土地改革完成以后，全国3亿多无地少地的农民无偿获得 7 亿亩土地和其他农业生产资料，被免除了土地改革以前每年向地主缴纳 700 亿斤粮食的沉重地租，真正实现了耕者有其田。[①]其二，农民除了上缴必要的农业税以外，其余都归自己所有。这不仅显著改善了他们的生活，而且使农业积累成为可能，提高了他们发展农业生产、提高农业生产技术的积极性。其三，政府从多方面采取措施促进农业的恢复和发展，如兴修水利、改良农产品品种、提高农业生产技术等。此外，政府还帮助农民解决因自然灾害导致的生产和生活困难。凡此种种都推动了农业生产的恢复和发展，并初步发挥了农业作为国民经济基础的作用，推动了整个国民经济的恢复和发展。

民族工商业也是新民主主义经济必要的组成部分。在新民主主义经济中，民族工商业彻底摆脱了帝国主义和官僚资本主义的束缚，可以以平等身份参与市场竞争。这就充分发挥了民族工商业的经营积极性。此为其一。其二，民族工商业有广阔的发展余地。国民经济的迅速恢复和发展，市场需求逐渐扩大，推动了民族工商业发展。其三，民族工商业有固有的弊端，这突出表现在新中国成立初期大肆投机导致物价大幅上涨

---

① 国家统计局编《伟大的十年》，第 29 页。

方面。但在占主导地位的国营经济的管控下，其在此方面的弊端逐步得到了有效遏制。同时，政府还对民族工商业在由半殖民地半封建经济转变为新民主主义经济过程出现的生产经营困难予以解决，对私人资本主义经济进行了调整，使其在恢复和发展国民经济方面的作用得到了有效发挥，这成为这一时期促进国民经济恢复的一个重要因素。

概括起来说，居于主导地位的社会主义国营经济、个体农民经济和私人资本主义经济的恢复和发展，是这一时期推动社会生产力发展、促进国民经济迅速恢复的根本动力。正是这一点，从根本上说明新民主主义社会经济制度的建立，具有客观必然性。

正是上述经济变革的决定性作用，使得新中国在成立短短三年时间内就胜利地实现了恢复国民经济发展的任务。这项成就又从实践方面进一步证实了上述经济变革是符合社会生产关系适应社会生产力这一客观规律要求的。

（一）各种主要生产要素得到了迅速增长

在半殖民地半封建中国，由于帝国主义、封建主义和官僚资本主义经济的固有弊端，各项生产要素大量闲置，其在经济发展中的作用得不到发挥。仅就作为主要生产要素的劳动力来

说，就存在大量的失业人口。据统计，直到新中国成立后的
1950 年，全国城镇登记失业人口就高达 400 万人左右。[①] 但在
新中国成立后，这种情况就有了迅速改变，职工人数迅速大幅
上升。全国职工人数由 1949 年的 800.4 万人增长到 1952 年
1580.4 万人，增长了将近 1 倍。见表 1-9。

表 1-9　1949—1952 年全国职工数量及增长情况[②]

年份	年末人数 / 万人	增长指数
1949	800.4	615
1950	1023.9	123.9
1951	1281.5	160.1
1952	1580.4	197.5

投资是各生产要素的价值表现，它的增长是各个生产要素
增长的综合反映。在 1949—1952 年期间，全国基本建设投资
由 11.3 亿元增长到 43.6 亿元，增长 2.86 倍，三年投资总额达
到 78.4 亿元。见表 1-10。

---

① 国家统计局编《伟大的十年》，第 157 页。
② 国家统计局编《伟大的十年》，第 159—160 页。

表 1-10　1949—1952 年全国基本建设投资额及增长情况[2]

年份	投资总额 / 亿元	增长指数
1950	11.3	100
1951	23.5	207
1952	43.6	384
总计	78.4	—

(二) 经济效益得到了显著提高

经济效益提高突出表现在社会劳动生产率的大幅上升上，而促进社会劳动生产率提高的主要原因是：

第一，在建立社会主义国营经济和个体经济的基础上，劳动者都成了社会生产的主人，从根本上摆脱了帝国主义经济、封建主义经济和官僚资本经济的桎梏，劳动积极性有了空前未有的提高。

第二，劳动者的生活水平有显著的提高。据统计，在1949—1952 年期间各地农民的收入增长都在 30% 以上。1952年，全国职工的平均货币工资达到了 446 元，比 1949 年提高了 70% 左右，而 1950—1952 年期间职工生活费用价格指数只

---

① 国家统计局编《伟大的十年》，第 46 页。

上升了 15.5%。①这意味着这一时期职工的实际生活水平有了明显提高。据调查，1936 年全国职工（包括家属在内，下同）平均消费额均在 140 元左右，1952 年增加到了 189.5 元。②

第三，劳动者的劳动条件有了很大改善，职工的伤亡事故大幅下降。依据中央人民政府劳动部的统计，按每月平均伤亡数计算，1951 年比 1950 年死亡事故减少了 10.7%，1952 年又比 1951 年减少了 39.1%。③

第四，劳动者的文化技术水平均有了较大提高。这一时期各级学校在校学生和毕业生的人数都有大幅增长。1949—1952 年，各级学校在校学生人数占全国人口的比重由 4.76%上升到 9.47%。同时每万人中的大学生人数由 2.3 人增加到 3.3 人。见表 1–11。

伴随在校学生人数的增长，毕业生的人数也在增长。例如，1952 年高等学校毕业生人数达到 3.2 万人，比 1949 年增

---

① 国家统计局编《伟大的十年》，第 187—188 页；国家统计局编《中国统计年鉴（1983）》，中国统计出版社，1983，第 455 页。

② 国家统计局编《伟大的十年》，第 188 页。

③《新中国劳动保护工作的开拓者毛齐华》，《劳动保护》2009 年第 11 期。

表 1-11　1949—1952 年各级学校学生人数及其占全国人口的比重[①]

年份	中学生 / 人	小学生 / 人	各级学校在校人数占全国人口的比重 / %
1949	23	450	4.76
1951	55	889	9.47

长了 49.8%。同样，这年工程技术人数也上升到 16.4 万人。

第五，在上述各项因素综合作用的基础上，劳动竞赛也热火朝天地发展起来，涌现出大量的先进集体和先进个人。1949—1952 年，全国先进集体单位和先进生产者分别达到 1.9 万个和 20.8 万人。[②]

这样，社会劳动生产率就有了显著提高。例如，按 1950 年的不变价格计算，国营独立核算工业企业的劳动生产率，1949 年为 3016 元，1952 年上升到 4184 元，提高了 38.7%，平均每年增长 11.5%。[③]

---

① 国家统计局编《中国统计年鉴（1993）》，中国统计出版社，1993，第 727 页。

② 国家统计局编《伟大的十年》，第 163、165、171—172 页。

③ 国家统计局编《中国统计年鉴（1983）》，第 297 页。

在微观经济效率提高的同时，宏观经济效益也有明显增长。其主要标志是：1949—1952 年在社会总产值中占主要地位的工业和农业都实现了高速增长，同时实现了相互促进发展。表1-12 的数据表明：1949—1952 年，农业在社会总产值中的占比，最高年份超过 60%，最低年份在 45% 以上。这一时期工业产值在社会总产值中的比重由 25.1% 上升到 34.4%。

在这一时期，农业发展的速度也很快。如表 1-13 所示，1952 年，农业总产值及其主要产品粮食和棉花的产量分别比 1949 年增长了 48.21%、5.2% 和 193.3%。这表明，这一时期农业基础作用是发挥得比较好的。

不过在国民经济恢复时期，相对于工业来说，农业的技术基础还是落后的，主要表现为手工劳动，增长速度必然受到限制。此时农业仍然不能充分满足工业恢复发展的需要。这一点，从二者在社会总产值中的占比及其变化就可以看得很清楚（见前述），二者在增长速度差异上也体现出这一点。与 1949 年相比，1952 年工业总产值增长了 149.3%，而农业只增长了 37.2%。见表 1-13 和表 1-14。

当然，从农产品增长是否满足工业和整个国民经济发展的需要来看，这一时期工业和农业的比例关系大体上还是协调

表 1-12 社会总产值及其部门构成（按当年价格计算）①

年份	社会总产值 / 亿元			占比 /%	
	总量	农业	工业	农业	工业
1949	557	336	140	60.3	25.1
1950	683	384	191	56.2	28
1951	820	420	264	51.2	32.2
1952	1013	461	349	45.5	34.4

表 1-13 1949—1952 年农业总产值和粮食、棉花产量及其增长指数②

（按 1982 年不变价格计算）

年份	农业总产值		粮食		棉花	
	绝对数 / 亿元	指数	产量 / 亿斤	指数	产量 / 万担	指数
1949	325.9	100	2162	100	889	100
1950	383.6	117.7	2494	115.4	1385	155.8
1951	419.7	128.8	2701	124.9	2061	231.8
1952	483.9	148.2	3088	145.2	2607	293.3

① 国家统计局编《国民收入统计资料汇编（1949—1985)》，中国统计出版社，1989，第 3—4 页。

② 国家统计局编《伟大的十年》，第 104—106 页。

的。同时，工业内部生产资料生产和消费资料生产的比例关系
也是协调的。1949—1952 年工业生产资料产值和消费资料产值
的增长速度分别为 227.6% 和 105.2%。与此相联系，二者在工
业总产值中的占比分别由 26.6% 上升到 35.6%，由 73.4% 下降
到 62.5%。见表 1-14。

乍一看来，似乎工业生产资料占比上升幅度过大，但实际
上，这是工业化过程中生产资料优先增长客观规律在我国经济
恢复时期具体条件下发生作用的表现。

按照马克思在《资本论》中所做的分析，资本主义社会扩
大再生产一般经历两种形态：一是在社会生产技术构成（即作
为生产要素的生产资料和劳动力的对比关系）不变，从而资本
有机构成（即不变资本对可变资本的对比关系）不变条件下的
扩大再生产；二是在社会生产的技术构成提高，从而资本有机
构成提高条件下的扩大再生产。前一种，对生产资料需求增长
速度与对劳动力需求增长速度的要求是相等的，因而二者在增
长速度方面是可以相等的。后一种，对生产资料增长的需求高
于对劳动力增长的需求。因而，此时生产资料的增长速度就必
须快于劳动力的增长速度，否则社会扩大再生产就不可能实现。
这也就意味着要实现社会扩大再生产，不变资本的增长速度必

表 1-14　1949-1952 年工业总产值及其构成与增长情况①

（按 1952 年不变价格计算）

年份	工业总产值	生产资料产值	消费资料产值	工业总产值	生产资料产值	消费资料产值	生产资料产值	消费资料产值
	绝对值 / 亿元			增长指数			占工业总产值的比重 /%	
1949	140.2	37.3	102.9	100	100	100	26.6	73.4
1950	191.2	56.5	134.7	136.4	151.5	130.9	29.6	70.4
1951	263.5	85	178.5	187.5	227.9	173.5	32.2	67.8
1952	343.3	122.2	211.1	244.7	327.6	205.2	35.6	61.5

① 国家统计局编《伟大的十年》，第 76、77、79 页。

须快于可变资本的增长速度。因为在资本主义社会条件下，生产资料的价值表现就是不变资本，对劳动者支付的工资就是可变资本。后来，列宁把这个资本主义社会条件下扩大再生产的客观过程，进一步明确概括为生产资料优先增长的客观规律。

因而在国民经济恢复时期，生产技术比较先进的工业发展速度快于生产技术较为落后的农业，正是社会扩大再生产的客观要求。

当然，无论前述的工业增长速度高于农业，还是工业生产中生产资料生产速度高于消费资料，都只说是大体上是合适的，而不是完全适当的。实际上，在这个时期已经开始出现了农产品和工业消费品供应不足的情况。

总之，在上述生产要素增长和经济效益（包括微观经济效益和宏观经济效益）提高的基础上，社会生产得到了较快的发展，迅速实现了国民经济的恢复。1949—1952年，按当年价格计算，我国社会总产值由557亿元增长到1013亿元；按可比价格计算，增长了81.8%。① 这主要是恢复性增长，但也部分

---

① 国家统计局编《国民经济统计提要（1949—1986）》，中国统计出版社，1987，第23—25页。

地超过新中国成立前的最高水平。如前所述，1952 年工业总产值比 1949 年增长了 149.3%，这就超过了新中国成立前 1936 年的最高水平。

上述情况表明：新民主主义社会的经济制度是适应社会生产力发展要求的，大大促进了中国国民经济的恢复和发展。

概括起来说，半殖民地半封建社会经济制度的灭亡和新民主主义社会经济制度的建立，都是适应社会生产力发展要求的，这就是新中国成立后第一次经济变革的全部含义。

第三节　彰显了毛泽东思想的
伟大胜利

马克思和恩格斯创立了辩证唯物主义、历史唯物主义以及科学社会主义，揭示了社会发展规律，指出人类社会会经历以下五个发展阶段：原始共产主义社会、奴隶社会、封建主义社会、资本主义社会和共产主义社会。

马克思和恩格斯在其合著的《共产党宣言》中揭示了作为资本主义社会主要矛盾的资产者和无产者的矛盾。正是这个矛盾的发展，将会导致无产阶级革命必然胜利，资本主义社会必然灭亡和共产主义必然胜利。同样，《共产党宣言》的发表是科学社会主义诞生的标志。

马克思在其具有划时代意义的巨著《资本论》中，极其深刻、全面、系统地揭示了资本主义社会经济的发展规律，为资本主义灭亡和共产主义胜利做了最充分的论证。

《资本论》的问世，是马克思主义整个理论体系达到巅峰的象征。这不仅因为它是马克思主义政治经济学最全面、最系统、最深刻的论述，而且因为它是马克思主义哲学最完整的运用，并为科学社会主义奠定了牢不可破的坚实理论基础，是包括马克思主义哲学、政治经济学和科学社会主义在内的最好的教科书。

然而，由于时代条件的限制，在马克思生前还无产阶级革命胜利的实践。

同样，由于受实践条件的制约，马克思还留下了一些不符合他生后实践事实的预言。例如，他依据当时条件（主要是世界资产阶级力量和无产阶级力量的对比），曾预言无产阶级革命要同时在几个高度发达的资本主义国家发生才能取得胜利。这个预言尽管符合当时的情况，但并不符合后来的实践。

列宁根据帝国主义时代的条件，在《帝国主义是资本主义发展的最高阶段》一书中，对垄断资本主义五大经济特征做了科学分析，揭示了帝国主义的三大基本矛盾，即帝国主义国家内部资产者和无产者的矛盾、帝国主义和殖民地的矛盾以及帝国主义国家之间的矛盾，特别是揭示了资本主义国家经济发展不平衡的规律。随之指出无产阶级革命在各个资本主义国家同时发生是不可能的，但在处于帝国主义阵线薄弱环节的一个国家首先取得胜利则是可能的。在列宁这个无产阶级革命新理论的指导下，俄国十月社会主义革命取得了胜利。这是列宁在帝国主义时代实现的马克思主义第一次划时代的发展。

需要特别指出：马克思提出的殖民地理论，特别是列宁提出的帝国主义时代的殖民地理论，对中国的新民主主义革命也起了重要的指导作用。但受限于实践，他们没有也不可能提出系统的新民主主义革命理论。

毛泽东依据中国半殖民地半封建的实际情况，提出了完整的新民主主义革命理论，并依据这个理论领导中国人民实现和完成了新民主主义革命，建立了新民主主义社会。正是这个实践，充分证实了毛泽东提出的新民主主义社会论是科学真理。毛泽东曾经对这一点做过唯物论的精辟论证："理论的东西之是否符合于客观真理性这个问题，在前面说的由感性到理性之认识运动中是没有完全解决的，也不能完全解决的。要完全地解决这个问题，只有把理性的认识再回到社会实践中去，应用理论于实践，看它是否能够达到预想的目的……马克思列宁主义之所以被称为真理，也不但在于马克思、恩格斯、列宁、斯大林等人科学地构成这些学说的时候，而且在于为尔后革命的阶级斗争和民族斗争的实践所证实的时候。"① 这个道理对他自己提出的新民主主义社会论也是完全适用的。新民主主义社会论之所以是客观真理，重点不在毛泽东提出这个理论的时候，而在于被尔后新民主主义革命和新民主主义社会成功实践所证实的时候。

这样，毛泽东提出的新民主主义社会论，也像列宁提出的帝国主义论一样，实现了马克思主义的划时代发展，是马克思主义第二次划时代的发展。

所以，那种怀疑甚至否定有新民主主义社会论的观点，无论在理论上还是实践上都是站不住脚的。这种观点不仅否定了毛泽东在建立新民主主义社会论方面的伟大贡献，而且抹杀了中国共产党领导中国人民在这方面伟大实践的现实意义。这种观点还忽略了正确认识历史的重要意义。

这是一个十分重要的问题。毛泽东早在 1942 年就明确指出："现在大家在研究党的历史，这个研究是必须的。如果不把党的历史搞清楚，不把党在历史上所走的路搞清楚，便不能把事情办得更好。这当然不是说要把历史上每一件事统统搞清

---

① 毛泽东：《毛泽东选集》，第 1 卷，人民出版社，1991，第 292—293 页。

楚了才可以办事，而是要把党的路线政策的历史发展搞清楚。这对研究今天的路线政策，加强党内教育，推进各方面的工作，都是必要的。"① 这里需要说明，确定还是否定新民主主义社会论，恰恰关系着党在新民主主义革命阶段的路线问题。

习近平总书记在 2021 年 12 月 28 日中央政治局召开的专题民主生活会上也强调："党的历史是最生动、最有说服力的教科书。我们党历来重视党史学习教育。对历史进程的认识越全面，对历史规律的把握越深刻，党的历史智慧越丰富，对前途的掌握就越主动。今年，党中央决定在全党全社会开展党史总结、学习、教育、宣传，强调全党要学史明理、学史增信、学史崇德、学史力行，就是为了增加历史自信、增进团结统一、增强斗争精神。"②

所以，澄清否定新民主主义社会论的观点，是当前我国学界一个值得重视的问题。

---

① 中央文献研究室编《毛泽东文集》，第 2 卷，人民出版社，1993，第 399—400 页。
② 《中共中央政治局召开专题民主生活会 习近平主持会议并发表重要讲话》，光明网，https://m.gmw.cn/baijia/2021-12/29/35413562.html，访问日期：2022 年 1 月 3 日。

第二章

建立社会主义社会的经济制度

——中国第二次经济变革

第一节 党在过渡时期的总路线

如前所述，新中国成立后建立的是新民主主义社会。这样，过渡时期的起点就必然是新民主主义社会，这个过渡也必然是新民主主义社会向社会主义社会的过渡。至于那些所谓"从资本主义向社会主义过渡"的提法，显然是不能成立的。

毛泽东是在 1952 年正式提出党在过渡时期的总路线的。不过，过渡时期的思想却深深植根于新民主主义革命时期形成的毛泽东思想。在这方面，《中国革命与中国共产党》就已经做了明确的说明。该书提出："中国革命（指新民主主义革命——引者注）的全部结果是：中国革命的全部结果是：一方面有资本主义因素的发展，又一方面有社会主义因素的发展。这种社会主义因素是什么呢？就是无产阶级和共产党在全国政治势力中的比重的增长，就是农民、知识分子和城市小资产阶级或者已经或者可能承认无产阶级和共产党的领导权，就是民主共和国的国营经济和劳动人民的合作经济。所有这一切，都是社会主义因素。加以国际环境的有利，便使中国资产阶级民主革命的最后结果，避免资本主义的前途，实现社会主义的前途，不能不具有极大的可能性了。""完成中国资产阶级民主主义的革命（新民主主义革命），并准备在一切必要条件具备的时候把它转变到社会主义革命的阶段上去，这就是中国共产党光荣的伟大的全部革命任务。"①

《新民主主义论》又进一步指出："很清楚的，中国现时社会的性质，既然是殖民地、半殖民地、半封建的性质，它就决定了中国革命必须分为两个步骤。第一步，改变这个殖民地、半殖民地、半封建的社会形态，使之变成一个独立的民主主义的社会。第二步，使革命向前发展，建立一个社会主义的社会。中国现时的革命，是在走第一步。"②

毛泽东以上的叙述清楚地表明：在新民主主义革命取得全国胜利以后建立了新民主主义社会。这个社会的发展，除了完成了恢复国民经济的任务以外，还为从新民主主义社会过渡到

① 毛泽东：《毛泽东选集》，第 3 卷，第 650—651 页。
② 同上书，第 2 卷，第 666 页。

社会主义社会创造了一系列的条件。正是依据这一点和新民主主义社会发展的实际情况，毛泽东在 1952 年 9 月 24 日党中央书记处会议上提出：我们在现在就要开始用十年到十五年的时间基本上完成到社会主义社会的过渡。此后到 1953 年初，毛泽东又多次讲道：在十年到十五年或者还多一些的时间内，基本上完成国家工业化及对农业、手工业、资本主义工商业的社会主义改造。①但这一时期还没有明确使用过渡时期总路线的概念。

在 1953 年 6 月 15 日中共中央政治局会议上，毛泽东对党在过渡时期的总路线做了完整的表述。他说："党在过渡时期的总路线和总任务，是要在十年到十五年或者更多一些时间内，基本上完成国家工业化和对农业、手工业、资本主义工商业的社会主义改造。这条总路线是照耀我们各项工作的灯塔。不要脱离这条总路线，脱离了就要发生'左'倾或右倾的错误。"②

---

① 薄一波：《若干重大决策与事件的回顾》，上卷，中国党史出版社，1991，第 214—215 页。

② 毛泽东：《毛泽东选集》，第 5 卷，第 81 页。

1954 年 2 月 10 日，中共七届四中全会通过决议，正式批准了毛泽东提出的党在过渡时期的总路线。同年 9 月，中华人民共和国第一届全国人民代表大会第一次会议接受了毛泽东提出的过渡时期的总路线，并将其写入了宪法。宪法规定："国家在过渡时期的总任务是逐步实现国家的社会主义工业化，逐步完成对农业、手工业和资本主义工商业的社会主义改造。""中华人民共和国依靠国家机关和社会力量，通过社会主义工业化和社会主义改造，保证逐步消灭剥削制度，建立社会主义社会。"①

本书正是将党在过渡时期的总路线作为论述新中国成立后实现第二次经济变革的根本遵循。但限于论述范围，只讨论对个体农业和手工业以及私人资本主义工商业的社会主义改造，并不专门讨论社会主义的工业化。

此外，还要说明这一点：本章除了讨论对个体农业和手工业以及私人资本主义工商业的社会主义改造以外，还要讨论作为社会主义国营经济运行机制的计划经济体制建立的问题。这也是这一时期经济变革的一个重要方面。

---

① 《中华人民共和国宪法》，人民出版社，1954，第 53 页。

第二节 建立社会主义社会经济
制度的客观必然性

我国在新民主主义社会时期建立的处于国民经济主导地位的国营经济已经是社会主义性质的经济了。而建立社会主义制度是通过对个体农业、个体手工业和私人资本主义的社会主义改造实现的，可以从以下三方面分别论述其客观必要性。

这种客观必然性，也是由社会生产力决定社会生产关系的这一基本客观规律决定的。

一、对个体农业实行社会主义改造的客观必然性

如前所述，新中国成立后进行了土地制度改革，将封建地主的土地所有制变成个体农民的土地所有制。这种所有制变革，打破了封建主义土地所有制对农民的束缚，大大激发了农民的劳动积极性，推动了农业生产的发展，提高了农民的生活

水平，使农业发挥了在国民经济中的基础作用。

然而，个体农业所能容纳的社会生产力毕竟是很低的。伴随社会生产力的发展，它在发展生产方面的固有局限性逐渐明显地暴露出来：

第一，个体农业没有也不可能根本改变手工劳动为主的状况，生产动力主要还是依靠人力和畜力。在这种生产力状况下，生产水平和生活水平都难以有很大的提高。这样，收获的农产品除了供给农民家庭生活以外，就没有多少剩余用来进行扩大再生产，甚至只能维持简单再生产，更难以采用先进的农业生产技术或兴修水利。而对占农业人口相当大比重的缺乏劳动力的农民个人家庭来说，甚至连维持温饱水平都难以做到。

第二，个体农业防御自然灾害的能力很低。自然灾害对农业生产方面的破坏又是不可避免的，因而一遇到自然灾害，众多农民的生产和生活就会受到很大的影响。

第三，个体农业在防御家庭成员的病伤方面也存在类似的能力很弱的情况。

就个体农业的再生产过程看，其经济活力表现在商品交换方面。这一点，既存在于农产品的销售方面，也存在于购买工业品方面。为了解决这些困难，新中国成立以后，政府逐步实行了对农产品的统购包销。当然，这种统购包销主要还是在于确保满足社会主义工业化发展的需要，但对缓解个体农民在产品购销方面的困难也起了重要作用。同样为了解决这些困难，政府领导逐步发展了供销合作社。但这些政策措施都没有也不可能完全解决个体农业在这方面的困难，这就为原有的商业资本和高利贷资本留下了活动的空间，这样一来，个体农业本来就不多的收入又受到了侵蚀。

上述各项内容还只是在个体农业本身活动范围内论述其阻碍农业生产力发展情况的。如果把它和社会主义工业化发展的需要联系起来看，那么它阻碍社会生产力发展的状况就更为明显，也更为严重了。

据统计，在1952—1957年期间，工业总产值净产值和劳动生产率年均增长速度分别为18.0%、19.6%和8.7%，而农业分别只有4.5%、3.7%和2.7%，后者比前者分别低13.5个、15.9个和6.0个百分点。见表2-1。

这种巨大的差距使得农产品的供给远远不能满足工业发展的需要。这一点明显体现在农副产品收购价格提高速度远远高于农村工业品零售价格的提高方面。在1950年、1952年和1957年这三个时间点上，农副产品收购价格总指数分别为

表 2-1　1952—1957 年工业和农业劳动生产率比较[1]

单位：%

产业部门	总产值	净产值	劳动生产率（按总产值计算）
工业	18.0	19.6	8.7
农业	4.5	3.7	2.7

100、121.6 和 146.2，而农村工业品零售价格总指数分别只有 100、109.7 和 112.1。这表明在 1952 年，前者比后者还只高出 11.9 个百分点，但到 1957 年，前者比后者就高出 34.1 个百分点（见表 2-2）。这种差距的扩大，充分说明农产品供给不能满足社会主义工业化需要的状况在急剧恶化。

表 2-2　1950—1957 年各种物价总指数[2]

（以 1950 年价格为 100）

年份	农副产品收购价格总指数	农村工业品零售价格总指数
1950	100.0	100.0

---

① 国家统计局编《国民收入统计资料汇编（1949—1985）》，中国统计出版社，1986，第 53—54 页。

② 国家统计局编《国民收入统计提要（1949—1986）》，中国统计出版社，1987，第 170 页。

（续表）

年份	农副产品收购价格总指数	农村工业品零售价格总指数
1951	112.6	110.2
1952	121.6	109.7
1953	132.3	108.2
1954	136.7	110.3
1955	135.1	111.9
1956	139.2	110.8
1957	146.2	112.1

　　如果再把这一时期农业发展状况与整个国民发展状况联系起来看，那么个体农民经济不适合社会生产力发展需要的状况就在更大范围更鲜明地显示出来。在1952—1957年间，整个国民收入增长了53.0%，年均增速为11.2%，农业收入分别只有20.1%和3.7%，后者分别低于前者32.9个和7.5个百分点（见表2-3）。这种差距清楚表明：这一时期，由于农业生产的落后，农业在国民经济中的基础作用没有得到充分的发挥。

　　这一点还具体表现为主要农产品的产量虽有所增长但一直处在很低的水平上。表2-4的资料表明：作为主要农产品的粮

表 2-3　1952—1957 年国民收入和农业收入增长指数的比较[1]

(以可比价格计算，以 1952 年为 100)

年份	国民收入	农业收入
1952	100.0	100.0
1953	114.0	101.6
1954	120.6	103.3
1955	128.3	111.5
1956	146.4	136.5
1957	153.0	120.1

食和棉花在这一时期虽有所增长，但直到 1957 年人均产量也分别只有 306 千克和 2.6 千克，油料人均产量比 1952 年还下降了 0.8 千克；肉猪、猪牛羊肉和水产品也大体上存在类似状况（见表 2-4）。显然，农产品这种低水平的产量不可能充分满足整个国民经济发展的需要。

上述各种情况充分证明：个体农业经济不适合社会生产力发展的要求，必须改革。按照我国的具体情况，就是通过农业

---

① 国家统计局编《国民收入统计资料汇编（1949—1985）》，第 12—13 页。

表2-4　1949年、1952年和1957年按主要农产品人均产量[1]

年份	粮食 （千克/人）	棉花 （千克/人）	油料 （千克/人）	肉猪 （头/人）	猪牛羊肉 （千克/人）	水产品 （千克/人）
1949	219	0.8	4.8	—	—	0.9
1952	288	2.3	7.4	0.13	6.0	3.0
1957	306	2.6	6.6	0.11	6.3	4.9

合作化实现对农业的社会主义改造。也正是通过农业合作化，我国迅速完成了农业的社会主义改造。表2-5的资料表明：在1952—1956年间，参加农业生产合作社的农户占总农户的比重由1%增长到96%。这项数据表明，到1956年我国就基本实现了对农业的社会主义改造。

表2-5　1952—1956年我国农业合作化发展情况[1]

年份	参加农业生产合作社的 户数/万户	参加农业生产合作社的户数 占总户数的比重/%
1952	5.9	1.0
1953	27.5	—

① 国家统计局编《国民收入统计提要（1949—1986）》，第84页。

② 国家统计局编《伟大的十年》，第6页。

（续表）

年份	参加农业生产合作社的户数/ 万户	参加农业生产合作社的户数占总户数的比重 / %
1954	229.7	2.0
1955	1692.1	—
1956	11783.0	96.0

二、对个体手工业实行社会主义改造的客观必然性

个体手工业与个体农业相类似，主要依靠手工劳动，劳动生产率低，剩余产品不多，扩大再生产能力也弱，这就限制了自身的发展和劳动者生活的改善，阻碍了生产力的发展。当然这还只是从个体手工业本身的视角来说的，如果从社会生产联系的视角来看，这方面缺陷表现得更清楚，主要有三方面：

第一，首先与个体农业相比较，个体手工业的特点在于其商品生产在整个社会生产中所占比重要大很多，其主体部分基本上就是商品生产，与这个特点相联系就出现了一系列矛盾。同时商品交换效率低也比个体农业更突出。其次，伴随整个社会生产的发展，特别是农业的发展，手工业提供的消费品和生产资料（如农具）不能满足农业生产发展和农业生活提高需要的矛盾就凸显出来。再次，个体手工业既然主要是商品生产，

其两极分化的情况相较个体农业也要严重得多，这同我国发展社会主义的方向是背道而驰的。

第二，在个体手工业中，主要劳动者是个体手工业主本人，也包括一部分学徒工。这种学徒工和手工业主的关系与资产阶级企业中的资产者和无产者的关系是有原则区别的，不是雇佣与被雇佣、剥削者与被剥削的关系，每个个体手工业主拥有学徒工的数量也是受到法律限制的。不过，这种师徒关系也带有一定的封建性质并存在一定的剥削。伴随我国社会主义国营企业的发展和劳动者主人翁地位的提高，个体手工业中的这种师徒关系更不协调，抑制了学徒工的劳动积极性。

第三，我国拥有优秀的传统文化，其中很大一部分就是个体手工业的优秀工艺。继承和发扬优秀传统文化是发展我国社会主义事业的重要方面，个体手工业在这方面发挥着重要作用。但实践证明，即使如此，也需要把它纳入整个社会主义发展的事业中。

以上种种情况表明：为了适应社会主义生产和文化的发展，满足社会生产力发展的需要，推进个体手工业的社会主义改造是完全必要的。正是由于这个根本原因，在1955年下半年由农业合作化高潮带动的私人资本主义工商业社会主义改造

高潮的推动下，我国个体手工业也掀起了合作化高潮，实现了
个体手工业的社会主义改造。表 2-6 的资料表明：1952—1956
年，社会主义性质的手工业生产合作社由 3280 个增长到 74000
个，手工业生产合作社社员占从业人员的比重由 3% 增长到
73.6%，手工业生产合作社产值占总产值的比重由 3.4% 增长到
86.2%。

表 2-6　1952—1956 年手工业生产合作社发展情况[①]

年份	手工业生产合作社数目 / 个	手工业生产合作社社员占手工业者总数的比重 / %	手工业生产合作社产值占手工总产值的比重 / %
1952	3280	3.0	3.4
1953	4629	3.5	5.3
1954	11741	6.7	8.2
1955	20928	11.6	12.9
1956	74000	73.6	86.2

个体手工业合作社的发展适应了社会生产力发展的要求，
成为推动手工业生产发展的强有力动力。在 1952—1957 年期

[①] 国防大学党史党建政工教研室编《中共党史教学参考资料》，第 21
册，人民出版社，1982，第 517 页。

间，手工业生产合作社的从业人员由 21.8 万人增长到 474.1 万人，总产值由 2.46 亿元增长到 118.74 亿元，劳动生产率由人均 1128.4 元增长到人均 2504.5 元。见表 2-7。

表 2-7 1952—1957 年个体手工业生产合作社发展情况[1]

年份	手工业生产合作社社员 / 万人	手工业生产合作社产值 / 亿元	手工业生产合作社劳动生产率（元 / 人）
1952	21.8	2.46	1128.4
1953	27.1	4.86	1793.4
1954	59.6	8.56	1436.2
1955	97.6	13.01	1333.0
1956	484.9	100.93	2081.5
1957	474.1	118.74	2504.5

三、对私人资本主义工商业实行社会主义改造的客观必然性

如前所述，在半殖民地半封建中国阻碍社会生产力发展的社会经济制度表现为帝国主义、封建主义和官僚资本主义的生

_____

[1] 国防大学党史党建政工教研室编《中共党史教学参考资料》，第 21 册，第 519 页。

产关系。在当时社会生产力落后的条件下，民族资本主义工商业对社会经济的发展有积极的促进作用，因此在新中国成立后，党并没有采取没收民族资本主义的政策，而是采取了利用和限制的政策。

这样，在 1949—1952 年期间私人资本主义工商业仍有较大发展，其总产值由 68.3 亿元增长到 105.3 亿元。见表 2-8。但由于社会主义国营工业的发展速度大大超过了私人资本主义工业，同时具有不同程度社会主义性质的国家资本主义工业也有一定的发展，因而资本主义工业在工业总产值的占比就由 1949 年的 55.6%下降到 1952 年 17.1%。

表 2-8　1949—1952 年中国私人资本主义工商业发展情况

年份	企业单位数及增长率		职工人数及增长率		总产值	
	户数 / 户	增长 / %	人数 / 人	增长 / %	产值 / 万元	增长 / %
1949	123165	100.0	1643822	100.0	682836	100.0
1950	133018	108.0	1815893	110.07	727826	106.6
1951	147650	119.88	2022800	123.05	1011836	148.2
1952	149571	121.44	2056589	125.11	1052611	154.2

　　然而随着时间推移，私人资本主义工商业逐步由促进社会生产力发展转变为阻碍社会生产力发展。在这方面，主要存在两个矛盾：

　　第一，社会主义经济制度与资本主义经济制度的矛盾。在新中国成立初期，社会主义工商业还处在建立过程中，其促进社会生产力发展的作用还没有充分显示出来，也不能充分满足社会生产发展和人民生活的需要。这样，私人资本主义工商业在这两方面还有发生作用的空间。随着社会主义工商业的巨大发展，这种空间和作用就趋于缩小。同时，社会主义国营工商业和私人资本主义工商业之间的矛盾也逐步凸显出来。具体说来，社会主义工商业企业之间及其与国家虽然也有利益上的矛盾，但在发展根本上是一致的，因而体现整个国民经济发展根本利益的政府宏观经济调控措施在这些企业中可以比较顺利地得到实施，但在资本主义工商业企业中就难以做到。原因在于资本主义工商业企业存在较大的独立性，它们与国家的宏观调控往往存在较大的矛盾。在本质上，这就是资本主义工商业与社会主义工商业之间的矛盾。

　　第二，就资本主义工商业企业内部来说，还存在资产者与无产者之间的矛盾，二者之间存在剥削与被剥削的关系。尽管这种剥削在社会主义国家已经受到了限制，但没有也不可能从根本上消除。与此相对比，在社会主义工商业企业中则不存在这种剥削关系，存在的是互助合作的劳动关系。而且从整体上说来，社会主义工商业企业的技术水平和生产力发展程度要比资本主义工商业高得多，劳动生产率也要高得多。这样，劳动者的工资和福利待遇，社会主义工商业企业要比私人资本主义工商业企业要好得多。这种情况必然抑制后者劳动者的生产积极性。

这两方面的矛盾表明：私人资本主义工商业已经成为阻碍社会生产力发展的力量，对私人资本主义工商业实行社会主义改造也就具有一种客观必然性。

正因如此，1955 年末掀起的农业合作化高潮也带动了1956 年初私人资本主义工商业社会主义改造的高潮，从而实现了对资本主义工商业的社会主义改造。

在 1949 年、1952 年和 1956 年这三个时间点，私人资本主义工业产值在工业总产值中的占比由 55.8% 下降到 17.1%，再下降到零；私人资本主义商业商品在商品零售总额中的占比由85% 下降到 57.2%，再下降到 4.2%。见表 2-9 和表 2-10。

表 2-9 1949 年、1952 年和 1956 年各种所有制工业总产值

占工业总产值的比重①

单位:%

年份	社会主义工业	国家资本主义工业	私人资本主义工业
1949	34.7	9.5	55.8
1952	56.0	26.9	17.1
1956	67.5	32.5	0.0

表 2-10 1949 年、1952 年和 1956 年各种所有制商业商品

占商品零售额的比重②

单位:%

年份	社会主义商业	国家资本主义及合作化商业	私营商业
1949	14.9	0.1	85.0
1952	42.6	0.2	57.2
1956	68.3	27.5	4.2

上述数据表明：到 1956 年，我国就基本上完成了对私人资本主义工商业的社会主义改造。

---

①② 国家统计局编《伟大的十年》，第 8 页。

四、建立高度集中的计划经济体制的客观必然性

马克思主义唯物辩证法揭示了社会、自然和思维的普遍发展规律，观点包括：世界上的任何事物都包括内容和形式的两方面，二者是矛盾统一体，既无没有内容的形式，也无没有形式的内容。二者是相互作用的，内容决定形式，形式反作用于内容。

就这里论述的问题来说，社会主义基本经济制度是问题的内容，作为在社会主义制度下生产资源配置方式（或运行机制）的经济体制则是问题的形式。前文仅论述了社会主义经济制度的建立，没有涉及相关资源配置方式。从内容和形式的相互关系来说，这种论述是不全面的。为此，下面进一步论述社会主义经济制度下的经济体制问题。

新中国成立以后，社会主义国营经济在消灭帝国主义侵略势力和没收官僚资本主义经济的基础上建立起来，占据了国民经济的主导地位。与此相联系，作为社会生产资源配置方式的计划经济体制制度的雏形也初步建立起来。伴随社会主义经济制度的全面建立（包括对个体农业、个体手工业和私人资本主义工商业的社会主义改造的完成），计划经济体制也最终形成。

我国的计划经济体制源于苏联的计划经济体制。苏联的计

划经济体制源于马克思主义。马克思主义创始人马克思和恩格斯多次说过：随着资本主义所有制的消灭和社会主义公有制的建立，商品生产将被消灭，社会生产的无政府状态也会被有计划的组织所代替。①

俄国十月社会主义革命胜利后，面临众多帝国主义国家的武装侵略，被迫实行战时共产主义制度。这种制度的主要特征，是苏维埃政府可以无代价地从个体农民手中取得农产品。这种制度适应了战争的需要，从农产品供应方面保证了战争的胜利。

但在战争胜利以后，苏维埃俄国就发生了多次农民暴动，反对战时共产主义体制。列宁敏锐地察觉到这种制度在和平时期行不通，于是改行新经济政策。新经济政策的主要特征是苏维埃政府将自己掌握的工业品按照等价原则与个体农民的农产品进行交换。这种商品经济适应了个体农民的生存和发展需要，提高了他们的劳动积极性，从而促进了农业和整个国民经济的恢复和发展。但非常可惜，列宁还没有成功总结新经济政

---

① 马克思：《哥达纲领批判》，载《马克思恩格斯全集》第 25 卷，人民出版社，2012，第 18 页；恩格斯：《反杜林论》，载《马克思恩格斯全集》第 26 卷，人民出版社，2014，第 300 页。

策的经验，就于 1924 年因病逝世。可以设想，如果列宁成功总结出新经济政策的经验，就完全可能突破马克思主义创始人提出的不符合后来实践的设想，即前述在社会主义公有制建立以后商品生产就被消灭的设想。

1928 年苏联国民经济恢复以后，斯大林则沿着马克思主义创立者的思路继续实行计划经济。

这里需着重指出：从 1928—1941 年苏德战争爆发，苏联只用了三个五年计划不到的时间，就在沙皇俄国经济落后的条件下，建立了强大的社会主义工业，为赢得卫国战争胜利奠定了最重要的物质基础。在这方面，计划经济体制起了重要的作用。因此，我国学界那种完全否定苏联计划经济体制的观点，并不符合历史事实。

我国的计划经济体制是按照苏联这方面的制度建立的，这是就这种体制建立的外部条件而言的。而更重要的原因，在于我国当时经济发展的迫切需要。

计划经济体制有一个很大的优点，就是政府可以将当时社会有限的资金、物质、技术和人力等生产要素集中起来，用于国民经济的重点项目和薄弱环节，从而迅速形成新的生产能力，并克服各部门和各个地区之间的发展不平衡、不协调，促进整个国民经济的迅速发展。

而这一点正好适应了我国当时"一五"计划基本任务实现的需要。

"一五"计划最重要的任务就是建立社会主义工业化的初步基础。为了完成这个任务，就要集中力量进行工业基础建设——以苏联帮助我国设计的 156 个建设项目为中心、由限额以上的 694 个建设项目组成。这是建立社会主义工业化初步基础的最核心内容。

显然，要实现这个任务，就需要大量的财力、物力和技术力量。就当时的形势而言，到 1952 年，我国虽然已经完成了国民经济恢复任务，但生产要素的各个方面都不能满足实现上述任务的需要。例如，按照"一五"计划的规定，单是苏联帮助的建设单位需要的投资就高达 110 亿元，占工业资本建设投资 248.5 亿元的 44.3%。配合这些项目建设的还有 143 个限额以上的建设单位，需要的投资也高达 18 亿元，占工业基本建设投资的 7.2%。两项合计共占工业基本建设投资的 51.5%。[①]

---

① 《中华人民共和国发展国民经济的第一个五年计划（1953—1957)》，人民出版社，1955，第 31 页。

这些数据充分证明：如果不集中全国有限的资金，就根本不可能完成这一时期建立社会主义工业化初步基础的艰巨任务。

还要提到：上述建设项目不仅需要包括投资在内的巨额生产要素，而且由于它涉及国民经济的各个部门和全国各个地区，这种情况也需要中央人民政府对这些项目实行集中统一的有计划管理。

可见，"一五"时期进一步发展和健全计划经济体制，是我国经济发展的迫切需要。

总的来说，"一五"时期实行对个体农业、个体手工业和私人资本主义工商业的社会主义改造，建立社会主义国营经济占国民经济主导地位的经济运行机制以至于计划经济体制，是适应当时我国社会生产力发展的客观要求的，从而大大促进了我国社会生产力的发展。

（一）各种生产要素继续快速增长

第一，劳动者人数迅速增长。在农业方面，一是伴随农业合作社的发展，农村中数以千万计的妇女劳动力从家务劳动中走出来，参加集体农业劳动。二是工业中的职工队伍也在快速扩大。1952—1957 年，职工人数由 1580.4 万人增长到 2450.6

万人，增加了 55.1%（见表 2-11）。这一时期职工人数的增长有以下几个重要特点：①女职工人数增加较快。在 1952—1957年期间，女职工人数由 184.8 万人增长到 328.6 万人，增加了77.8%，比全部职工人数的增长速度高 22.7 个百分点（见表2-12）。当然这同原来女职工少、基数低也有一定关系。②政府工作人员得到精简，非物质生产部门的职工人数在全部职工人数中的占比迅速下降，由 1952 年的 33.9%下降到 1957 年的27.1%（见表 2-13）。③基本解决了半殖民地半封建遗留的 400多万人的失业问题，使他们实现了就业。

表 2-11　1952—1957 年全国职工情况[1]

年份	人数 / 万人	增长指数 / %
1952	1580.4	100.0
1953	1825.6	115.5
1954	1980.9	119.0
1955	1907.6	120.7
1956	2423.0	153.3
1957	2450.6	155.1

---

[1] 国家统计局编《伟大的十年》，第 159 页。

表 2-12　1952—1957 年全国女职工情况[1]

年份	人数 / 万人	增长指数 / %
1952	184.8	100.0
1953	213.2	115.4
1954	243.5	131.8
1955	247.3	133.8
1956	326.6	176.7
1957	328.6	177.8

表 2-13　1952—1957 年物质生产部门和非物质生产部门职工人数
占职工总人数的比重[2]

（以职工总数为 100，单位：%）

年份	物质生产部门职工的占比	非物质生产部门职工的占比
1952	66.1	33.9
1953	67.7	32.3
1954	68.7	31.3
1955	68.5	31.5
1956	72.2	27.8
1957	72.9	27.1

[1] 国家统计局编《伟大的十年》，第 161 页。
[2] 国家统计局编《伟大的十年》，第 164 页。

　　在劳动者人数迅速增长的同时，生产技术水平也得到显著提高，突出表现为工程技术人员的快速增长。1952—1957 年，全国工程技术人员由 16.4 万人增加到 61.8 万人。

　　第二，作为重要生产要素的投资以更快的速度持续增长。其中工业投资的增速更高，而且绝大部分都是国家计划内的投资。这就保证了建立社会主义工业化初步基础的需要。1952—1957 年，基本设施投资由 43.6 亿元增长到 138.3 亿元，五年投资总额达到 596.3 亿元。其中国家基本建设投资由 37.1 亿元增加到 126.4 亿元，五年投资总额达到 529.8 亿元；工业基本建设投资由 16.9 亿元增长到 72.4 亿元，在基本建设投资中的占比由 38.8%上升到 52.3%（见表 2-14、2-15 和 2-16）。

表 2-14　1952—1957 年我国基本建设投资总额及增长情况[①]

（以 1952 年为为 100）

年份	总额 / 亿元	增长指数 / %
1952	46.3	100
1953	80.0	184
1954	90.7	2081955

---

① 国家统计局编《伟大的十年》，第 46 页。

（续表）

年份	总额 / 亿元	增长指数 / %
1955	93.0	214
1956	148.0	340
1957	138.3	317
合计	596.3	—

表 2-15　1952—1957 年国家计划内基本建设投资总额及增长情况[①]

（以基本建设投资总额为 100）

年份	总额 / 亿元	指数 / %	在基本建设投资总额中的比重 / %
1952	37.1	100	85.1
1953	65.1	175	81.3
1954	75.0	202	82.7
1955	86.3	233	92.8
1956	139.9	377	94.5
1957	126.4	341	91.4
合计	529.8	—	—

---

① 国家统计局编《伟大的十年》，第 46—47 页。

表 2-16　1952—1957 年工业基本建设投资总额及增长情况[1]

（以基本建设投资总额为 100）

年份	总额 / 亿元	占基本建设总额的比重 / %
1952	16.9	38.8
1953	28.4	35.4
1954	38.3	42.3
1955	43.0	46.2
1956	68.3	46.1
1957	72.4	52.3
合计	350.3	—

（二）经济效益也明显提高

在这方面，劳动生产率的提高尤为明显。主要原因在于：
①随着对私人资本主义工商业社会主义改造的逐步实现，企业劳动者的经济地位发生了根本变化，由原来的被剥削者变成企业的主人。②"一五"期间全国人民的物质生活水平有了进一步的提高。1957 年，全国居民的平均消费水平比 1952 年提高了 22.9%，其中农民提高了 17.1%，非农民居民提高了 26.3%。

---

① 国家统计局编《伟大的十年》，第 46、48 页。

全国每年平均增长速度为 4.2%，其中农民为 3.2%，非农业居民为 4.8%（见表 2-17）。

表 2-17　1952 年和 1957 年全国居民消费水平的增长情况[②]

（以基本建设投资总额为 100）

年份	居民消费水平增长量 / 元			居民消费水平增长指数 / %		
	全国居民	农民	非农业居民	全国居民	农民	非农业居民
1952	76	62	148	100.0	100	100
1957	102	74	205	122.9	117.1	126.3

这一时期各级学校毕业生人数大幅增长，1957 年高等学校、中等专科学校、普通中学和小学的毕业生人数分别比 1952 年增长了 48.5%、14.3%、385.9% 和 7.2%（见表 2-18）。

与各级学校毕业生的增长相联系，工程技术人员也快速增长。1957 年比 1952 年增长了 202.4%（见表 2-19）。

这一时期，劳动竞赛有了更加蓬勃的发展，涌现出大量的先进生产集体和先进生产者个人。1953—1957 年，先进生产集体由 1.5 万个增长到 10.6 万个，先进生产者由 15.5 万人增长到

---

① 国家统计局编《国民经济统计提要（1949—1986）》，第 176 页。

表 2-18　1952 年和 1957 年各级学校毕业生人数及增长情况①

年份	毕业生人数 / 万人				毕业生增长指数 / %			
	高等学校	中等专科学校	普通中学	小学	高等学校	中等专科学校	普通中学	小学
1952	3.2	6.8	22.1	594.2	100.0	100.0	100.0	100.0
1957	5.6	14.6	129.9	1230.7	148.5	114.3	485.9	107.2

表 2-19　1952—1957 年工程技术人员人数及增长情况②

年份	人员数 / 万人	增长指数
1952	16.4	100.0
1953	21.0	128.0
1954	26.2	159.8
1955	34.4	209.8
1956	44.9	273.8
1957	49.6	302.4

107.8 万人（见表 2-20）。

在上述各种因素的共同作用下，社会劳动生产率又有了大

---

① 国家统计局编《伟大的十年》，第 172—173 页。

② 国家统计局编《伟大的十年》，第 163 页。

表 2-20　1952—1957 年全国先进生产集体和先进生产者[①]

年份	先进生产集体 / 万个	先进生产者 / 万人
1949—1952	1.9	20.6
1953	1.5	15.5
1954	1.7	23.4
1955	2.1	31.6
1956	11.4	125.9
1957	10.6	107.8

幅提高。1957 年工业和农业劳动生产率分别比 1952 年提高了 52.1% 和 7.9%。需要说明，由于工业的物质技术基础是大机器，而农业主要是手工劳动，因而前者的劳动生产率明显高于后者（见表 2-21）。

这一时期经济效益的提高，除了表现在社会劳动生产率增长方面以外，还体现在社会生产各主要部门的大体协调发展上。这意味着社会生产资料配置大体是合适的，表明宏观经济效益是趋于提高的。主要表现有两点：①作为社会主要生产部门的农业和工业的比例大体协调。与 1952 年相比，1957 年农

----

① 国家统计局编《伟大的十年》，第 165 页。

表 2-21　1952—1957 年工业和农业劳动生产率[①]

年份	工业（按 1980 年不变价格计算，单位：元）	农业（按可比价格计算，单位：元）
1952	4184	419
1953	4522	—
1954	5088	—
1955	5592	—
1956	6654	—
1957	6362.45	

业和工业分别增长了 24.8%和 128.6%，二者在社会总产值中的占比分别由 45.5%下降到 33.4%、由 34.4%上升到 43.8%。见表 2-22。[②]在工业生产中实现了生产资料的优先增长，契合了"一五"时期重点发展重工业、建立社会主义工业化初步基础的要求。"一五"时期，在工业总产值中，生产资料产值增长了 210.5%，消费资料产值增长了 83.0%；前者占工业产值的占比由 1952 年的 35.6%上升到 48.4%，后者由 64.4%下降到 51.6%。见表 2-23。

---

① 国家统计局编《国民经济统计提要（1949—1986）》，第 59—60 页。

表 2-22　1952—1957 年我国社会总产值及部门构成及其增长情况①

年份	数额（按当年价格计算，亿元）			增长指数（按可比价格计算，以 1952 年为 100）			部门构成（当年价格计算，%）		
	社会总产值	农业	工业	社会总产值	农业	工业	社会总产值	农业	工业
1952	1013	461	349	100.0	100.0	100.0	100.0	45.5	34.4
1953	1241	510	450	118.7	103.1	130.3	100.0	41.1	36.3
1954	1346	535	515	128.8	106.6	131.6	100.0	39.7	38.3
1955	1415	575	534	136.6	114.6	159.8	100.0	40.6	37.7
1956	1639	610	642	161.1	120.4	204.9	100.0	37.2	39.2
1957	1606	537	704	170.9	124.8	228.6	100.0	33.4	43.8

① 国家统计局编《国民收入统计资料汇编（1949-1985）》，第 3、4、6 页。

表2-23　1952—1957 年我国工业生产及部门构成及其增长情况①

（按 1952 年不变价格计算）

年份	工业总产值/亿元	工业生产资料产值/亿元	工业消费资料产值/亿元	工业总产值指数	工业生产资料指数	工业消费资料指数	工业总产值比重	工业生产资料比重/%	工业消费资料比重/%
1952	343.3	122.2	221.1	100.0	100.0	100.0	100.0	35.6	64.4
1953	447.6	166.8	280.2	130.2	136.5	126.7	100.0	37.3	62.6
1954	519.7	199.9	319.8	151.4	163.6	144.7	100.0	38.5	61.5
1955	548.7	228.9	319.8	159.9	187.3	144.7	100.0	41.7	58.3
1956	703.6	320.4	282.3	205.0	262.2	173.3	100.0	45.5	40.1
1957	783.9	379.4	404.5	228.4	310.5	183.0	100.0	48.4	51.6

① 国家统计局编《伟大的十年》，第 76—79 页。

总体而言，这一时期整个社会生产获得了平稳增长，并未出现大的波动，表明"一五"期间社会生产各部门的比例关系大体是协调的。就实际情况看，工业增长还是快了一些，其他部门慢了一些；在工业中，生产资料生产的增长速度快了一些，消费资料生产则慢了一些。

同样，正是由于上述各项因素的作用（包括生产要素的增长和经济效益的提高），在社会生产获得平稳增长的同时，完成了建设社会主义工业化初步基础的任务。1952—1957 年社会总产值由 1013 亿元增长到 1606 亿元，增长了 58.5%，年均增速达到了 9.6%。[①]

上述各项经济发展的数据证明："一五"期间对个体农业、个体手工业和私人资本主义工商业的社会主义改造，以及全面建设社会经济主义制度，并建成与之相适应的计划经济体制，这都是适合社会生产力发展要求的。这就是新中国实现的第二次经济变革的全部含义。

---

① 国家统计局编《国民收入统计资料汇编（1949—1985）》，第 3、5、6 页。

第三节 彰显了毛泽东思想新发展的伟大胜利

在毛泽东思想指导下，中国建立了新民主主义社会制度，这是马克思主义第二次划时代的发展。这是毛泽东思想的最重要内容，但不是全部内容。建立社会主义制度的理论和实践，也是这方面的重要内容。

诚然，中国建立社会主义制度是以苏联在这方面的实践作为样板的，但在这方面也有自身重要的发展，突出表现在于：①苏联对资本主义经济采取全部没收的办法，而中国只是对官僚资本主义进行没收，对民族资本则采取利用、限制和改造的办法。这种办法调动了对社会生产力还有积极作用的民族资本主义经济的积极性，成为促进国民经济恢复和发展的重要因素。②中国的农业合作化虽然也是以苏联的农业集体化为样板的，但并没有像苏联那样用急促的办法在很短时间就实现了农业集体化，而是采取逐步改造的办法，先实行包含社会主义因素在内的农业生产互助组，再进一步发展半社会主义性质的农业生产合作社，最后实行完全社会主义性质的农业生产合作社。同样，在对私人资本主义和个体手工业的社会主义改造方面也是采取了逐步过渡的办法。对前者，先实行具有社会主义因素的手工业生产小组，再发展半社会主义性质的手工业供销合作社，最后发展完全社会主义性质的手工业生产合作社；对后者，先实行初级形式的国家资本主义（包括加工、订货、统购、包销和收购），再实行高级形式的国家资本主义公私合营。公私合营也是先实行个别企业的公私合营，再发展到全行业的公私合营。

这种逐步过渡的办法，既考虑了改造条件逐步形成和发展的实情，有利于防止在一定时期内出现难以避免的损失，又可以充分发挥个体农业、个体手工业和私人资本主义工商业在发展生产方面的积极性，从而保持和促进了社会生产的发展。这一点，中国和苏联是有重大区别的。苏联实行的农业集体化，在一个较长时期内造成了农业生产的下滑。而我国在1953—1956年的社会主义改造期间，包括农业在内的整个国民经济是持续发展的。所以，这也是一项伟大的创造，是毛泽东思想的重要发展。

还需进一步指出，中国社会主义制度的建立，为中国经济的长期发展奠定了基础。

表 2-24　1952—1978 年中国社会总产值和国民收入增长指数[1]

（按可比价格计算，以上年为 100）

年份	社会总产值	国民收入
1952	125.9	122.3
1953	118.7	114.0
1954	108.5	105.8
1955	106.1	106.4
1956	117.9	114.1
1957	106.1	104.5
1958	132.6	122.0
1959	118.0	108.2
1960	104.7	98.6
1961	66.5	70.3
1962	90.0	93.5
1963	110.3	110.7

---

[1] 国家统计局编《国民经济统计提要（1949—1986）》，第 27—28 页；国家统计局编《国民收入统计资料汇编（1949—1985）》，第 44—46 页。

(续表)

年份	社会总产值	国民收入
1964	117.5	116.5
1965	119.0	117.0
1966	116.9	117.0
1967	90.1	92.8
1968	95.3	93.5
1969	135.3	119.3
1970	124.3	123.3
1971	110.4	109.4
1972	104.5	102.9
1973	108.6	108.3
1974	101.9	101.0
1975	111.5	108.3
1976	108.4	98.3
1977	110.3	107.8
1978	113.1	112.3

表 2-24 数据表明：在 1953—1978 年的 26 年间，只有 1961—1962 年和 1967—1968 年的社会总产值和国民收入是负增长的。前者是由于"大跃进""左"的错误造成的，后者是由比"大跃进"更为严重的"左"的错误造成的。这些都极大

地损害了社会主义经济制度的优越性，从而造成经济总量的下降。其余 24 年，社会主义经济制度的优越性都在不同程度上得到了发挥，因而经济总量都是逐年增长的。所以，总的看来，这 26 年社会总产值总额和国民收入总额的平均增长速度仍然分别达到了 7.9% 和 6.0%。这同半殖民地半封建中国经济增速长期停滞甚至倒退的情况比较起来，真是新旧社会两重天。同当时世界各国经济增速的比较来看，这种增速也是居于前列的。美国是当时经济最发达的资本主义国家，这里仅就同美国的情况比较做些说明。按照英国著名经济史学家安格斯·麦迪森用可比性较大的国际元计算，在 1952—1978 年期间，中国国内生产总值和人均国内生产总值的增速分别为 4.39% 和 2.33%，而同一时期美国只有 3.61% 和 2.24%[1]，两项数据中国均高于美国，但美国的科学技术水平是远远高于中国的。这个比较充分显示了中国社会主义经济制度在促进经济增长方面的巨大优越性。

中国是世界上人口最多的社会主义大国。中国建立社会主

---

[1] 安格斯·麦迪森：《中国经济的长期表现（公元 960—2030 年）》，第 2 版，上海人民出版社，2008，第 66—67 页。

义经济制度的意义，绝不只是限于国内，同时还有重大的国际意义——在全世界人民面前树立了一个良好的榜样，大大促进世界社会主义力量的发展，进一步壮大了以苏联为首的社会主义阵营，同时进一步促进了殖民地民族解放运动的发展。

所以，那种以中国 1978 年改革后的成就否定改革前成就的观点，并不符合历史事实。

诚然，1958—1960 年的"大跃进"是在"左"的路线指导下进行的，并且造成了严重损失；1966—1976 年"文化大革命"更是在"左"的路线指导下进行的，并把国民经济推到了崩溃的边缘，这是应该否定的。然而，1949—1952 年新民主主义社会经济制度的建立和 1953—1957 年社会主义经济制度的建立，是在马克思主义中国化的毛泽东思想指导下进行的，取得了伟大成就，是应该肯定的。还需指出，在 1958—1960 年和 1966—1976 年期间，我国社会主义建设仍然取得了重要成就。这也是应该肯定的。[1]

---

① 汪海波、刘立峰：《中国经济 70 年（1949—2019）》，第 196、262—266 页。

第三章

建立中国特色社会主义经济制度
——中国第三次经济变革

第一节　中国特色社会主义理论

习近平总书记精辟地指出："中国特色社会主义是改革开放以来党的全部理论和实践的主题，是党和人民历尽千辛万苦、付出巨大代价取得的根本成就。"[①]

显然，中国特色社会主义经济制度的建立，也是在中国特色社会主义理论指导下实现的。为此，本节首先分析中国特色社会主义理论的形成及其基本内容。

1978 年 12 月 11—13 日党中央召开了工作会议。在闭幕会上，作为中国特色社会主义首创者的邓小平做了《解放思想，实事求是，团结一致向前看》的讲话。这个讲话实际上成为随后召开的党的十一届三中全会的主题报告。

[①]《中国共产党第十九次全国代表大会文件汇编》，人民出版社，2017，第 13 页。

1978 年 12 月 18—22 日，党的十一届三中全会召开。这次全会重新确立了实事求是的党的思想路线，果断地结束了此前长期实行的以阶级斗争为纲的"左"的路线。这次全会还确定了党在社会主义建设新时期的中心任务是社会主义现代化建设，并提出了经济体制改革和对外开放的方针。[①]这样，在事实上，这次全会就标志着以"一个中心，两个基本点"为主要内容的党在社会主义初级阶段的基本路线开始形成。而这一点又正是中国特色社会主义理论的最重要内容。所以，党的十一届三中全会是新中国成立以后党的指导思想发生根本转折的标志，是党的历史上一次极重要的会议。

接着，邓小平又在 1982 年 9 月 1 日召开的党的十二大开幕词中明确提出："把马克思主义的普遍真理同我国具体实践结合起来，走自己的道路，建设有中国特色的社会主义，这就是我们总结长期历史经验得出的基本结论。"[②]这个基本结论第一次从总体上指明了中国特色社会主义理论。

---

① 中国经济年鉴编辑委员会编《中国经济年鉴（1981）》，经济管理杂志社，1981，第 2 页、20—22 页。

② 《中国共产党第十二次全国代表大会文件汇编》，人民出版社，1982，第 3 页。

在邓小平理论指导下，依据经验的进一步总结，1987 年召开的党的十三大进一步明确提出了党在社会主义初级阶段的基本路线，强调指出："正确认识我国当今社会所处的历史阶段，是建设中国特色社会主义的首要问题，是我们制定和执行正确的路线方针政策的根本依据。"

"对这个问题，我们党已经有了明确的回答：我国正处在社会主义的初级阶段。这个论断，包括两层含义：第一，我国社会已经是社会主义社会。我们必须坚持而不能离开社会主义。第二，我国的社会主义社会还处在初级阶段。我们必须从这个实际出发，而不能超越这个阶段。"

依据这个阶段的分析，提出了建设中国特色社会主义的基本路线："领导和团结全国各族人民，以经济建设为中心，坚持四项基本原则，坚持改革开放，自力更生，艰苦创业，为把我国建设成为富强、民主、文明的社会主义现代化国家而奋斗。坚持社会主义道路、坚持人民民主专政、坚持中国共产党的领导、坚持马克思列宁主义毛泽东思想这四项基本原则，是我们的立国之本。坚持改革开放总方针，是十一届三中全会以来党的路线的新发展，它赋予四项基本原则以新的时代内容。坚持四项基本原则和坚持改革开放这两个基本点，相互贯通，相互依存，统一于建设有中国特色的社会主义的实践。……总之，以经济建设为中心，坚持两个基本点，这就是我们的主要经验，这就是党在社会主义初级阶段的基本路线的主要内容。"①

1992 年召开的党的十四大，依据年初邓小平视察南方发表的重要讲话，系统地论述了中国特色社会主义的主要内容。指出：改革后"我们党所以能够取得这样的胜利，根本原因是在十四年的伟大实践中，坚持把马克思主义基本原理同中国具体实际相结合，逐步形成和发展了建设有中国特色社会主义的理论"。

"这个理论，第一次比较系统地初步回答了中国这样的经济文化比较落后的国家如何建设社会主义、如何巩固和发展社会主义的一系列基本问题，用新的思想、观点，继承和发展了马克思主义。"

报告从社会主义的发展道路、发展阶段、根本任务、发展动力、外部条件、政治保证、战略步骤、领导力量和依靠力量、祖国统一等方面，阐述了建设有中国特色社会主义理论的

---

① 《中国共产党第十三次全国代表大会文件汇编》，人民出版社，1987，第 7—14 页。

主要内容。

报告进一步指出："在建设有中国特色社会主义理论的指导下，我们党形成了社会主义初级阶段的基本路线，这就是：领导和团结全国各族人民，以经济建设为中心，坚持四项基本原则，坚持改革开放，自力更生，艰苦创业，为把我国建设成为富强、民主、文明的社会主义现代化国家而奋斗。'一个中心，两个基本点'是这条路线的简明概括。"

报告以中国特色社会主义理论以及由此决定的党在社会主义初级阶段的基本路线为依据，明确提出了我国经济体制改革的目标模式，强调"我国经济体制改革确定什么样的目标模式，是关系整个社会主义现代化建设全局的一个重大问题"，"我国经济体制改革的目标是建立社会主义市场经济体制，以利于进一步解放和发展生产力"。

"我们要建立的社会主义市场经济体制，就是要使市场在社会主义国家宏观调控下对资源配置起基础性作用……社会主义市场经济体制是同社会主义基本经济制度结合在一起的。"[1]

---

① 《中国共产党第十四次全国代表大会文件汇编》，人民出版社，1992，第11—15、21—23页。

　　党的十五大报告依据中国特色社会主义理论进一步指出："建设有中国特色的社会主义经济，就是要在社会主义条件下发展市场经济，不断解放和发展生产力。这就要坚持和完善社会主义公有制为主体、多种所有制经济共同发展的基本经济制度；坚持和完善社会主义市场经济体制，使市场在社会主义国家宏观调控下对资源配置起基础性作用；坚持和完善按劳分配为主体的多种分配形式，允许一部分地区一部分人先富起来，带动和帮助后富，逐步走向共同富裕；坚持和完善对外开放，积极参与国际合作和竞争。保证国民经济持续快速健康发展，人民共享经济繁荣成果。"①

　　本章就是依据上述文件所表达的中国特色社会主义理论，论述中国特色社会主义经济制度（中国社会主义市场经济制度）建立的客观必然性。

---

　　① 《中国共产党第十五次全国代表大会文件汇编》，人民出版社，1997，第19页。

第二节　建立中国特色社会主义经济制度的客观必然性

一、经济体制改革是世界经济发展的普遍规律

为了说清这里的问题，先要回顾世界经济体制变化的普遍规律。为此，需要分析基本经济制度与经济体制的关系。

基本经济制度似乎可定义为一定社会发展阶段占主导地位的生产资料所有制。这里所说的生产资料所有制是从生产关系的总和意义上说的，同流行的在单纯意义上说的生产资料所有制在概念的内涵上是有重大不同的。

按照马克思主义辩证法，世界上的一切事物都存在内容和形式的两方面，二者是相互联系、不可分割的，又是相互作用的。内容决定形式，但形式也反作用于内容。

根据辩证法这个基本原理，一定社会发展阶段上的生产关系也有内容和形式两方面。其内容即作为基本经济制度的生产

关系，其形式则是作为生产关系表现形式的经济体制。

这里需要着重说明：基本经济制度和经济体制虽然都由社会生产力决定，但又是有区别的。其中的一个重要方面，就是前者能够容纳社会生产力的高度比后者要高得多。这样，基本经济制度经历的时间比经济体制要长得多。一种基本经济制度总要经过若干个经济体制的发展阶段。

马克思主义早已揭示社会发展要经历以下阶段：原始共产主义社会、奴隶社会、封建社会、资本主义社会和共产主义社会。这也是我国学界公认的真理。但这只是社会生产关系（或社会基本经济制度）的发展阶段。至于作为社会基本经济制度实现形式的社会经济体制经历了哪些阶段，似乎还未引起学界的注意。这是有待研究的具有理论和实践意义的课题。

原始共产主义社会和奴隶社会的经济体制，笔者还未看到相关的资料。但就笔者看到的资料，封建主义社会、资本主义社会和社会主义社会已经和正在经历的经济体制似可做以下归纳：

就中国封建社会来看，其经济体制经历了以下两个阶段：大体上说来，中国在春秋战国以前，实行的是封建领主的经济体制。在这种体制下，作为基本生产资料的土地名义上归封建主义国家所有，但实际上由封建君主分封的领主占有，作为主要劳动力的农奴也是如此。农奴在人身上是不完全自由的。但从战国开始，中国封建社会的经济体制就逐步演变为地主经济制度。在这种体制下，土地实际都归地主所有，而且可以买卖。农奴也逐步演变成人身上自由的农民。显然，中国从领主经济演进到地主经济，是适应社会生产力发展要求的，是经济体制的巨大进步，并大大促进了中国封建社会的发展。

相对于欧洲来说，中国实行地主经济体制要早得多，时间也要长得多。从世界经济发展史看，这一点正是中国经济发展水平长期居于世界领先地位的一个最重要的原因。依据英国著名经济史学家安格斯·麦迪森的计算，在公元 1000—1499 年期间，中国每年平均的经济增长率为 0.17%，高于世界平均水平 0.02 个百分点；在 1500—1820 年期间中国年均经济增长率大幅上升到 0.41%，比之前上升了 24 个百分点，占世界经济总量的比重也由 1000 年的 22.7% 大幅上升到 1820 年的 32.9%。见表 3-1。

资本主义的经济体制也经历了两个发展阶段。大体说来，从 16 世纪到 20 世纪 30 年代，资本主义实行自由放任的市场经济。其基本特点是：社会生产资源的配置由作为市场经济基

表 3-1　1820 年之前中国经济和世界经济的比较[①]

年份（时期）	国内生产总值 年均增长速度 / %	国内生产总值占世界国内 生产总值的比重 / %
1000—1499	0.17	0.15
1500—1820	0.41	0.32
1000	22.7	
1820	32.9	

本规律的价值规律自发调节，因而生产的盲目性尤为突出。这样，作为资本主义生产基本矛盾的生产社会性和生产成果私人占有的矛盾伴随社会生产力的发展就趋于尖锐化。其主要表现就是资本主义生产无限扩张的趋势与社会购买力相对狭小的矛盾趋于尖锐化。这样，生产相对过剩的经济危机就趋于强化。1929 年由美国引发的世界性经济危机，几乎把资本主义经济推向濒临灭亡的边缘。于是，美国总统罗斯福开始实行国家宏观调控的经济体制。随后这种体制也逐步普及于各主要资本主义国家。由此，资本主义经济体制就由自由放任的市场经济进入

---

① 安格斯·麦迪森：《世界经济千年统计》，北京大学出版社，2009，第 268—269 页。

到有国家调控的市场体制的新阶段。

资本主义经济体制的这个变革，大大缓解了资本主义社会的基本矛盾。其明显表现就是经济危机频率下降，强度也趋于减弱。这就是长达近一个世纪（从 19 世纪 30 年代到 21 世纪 20 年代）资本主义经济仍能继续发展，并在先进科技方面稳居世界第一的一个重要原因。当然，决定这一点的因素是多方面的，特别是作为第一生产力的科学技术的大发展，但这种资本主义经济体制的变革，显然也是其中一个重要因素。

然而，这种变革仍然是与资本主义基本经济制度联系在一起的，没有也不可能从根本上解决资本主义经济固有的基本矛盾。因而资本主义经济危机仍时有发生，特别是 2008 年由资本主义世界导致的经济危机，席卷世界许多国家，严重影响世界经济增长。

历史表明：资本主义经济体制的变化，并不能挽救资本主义经济制度必然灭亡的命运。当然，就当前的形势看，资本主义制度在全世界灭亡，还需要经过一个很长的历史时期。

中国由计划经济制度到社会主义市场经济制度的转变，正是上述经济体制变革一般规律在中国社会主义初级阶段发生作用的特殊表现。但需说明，上述各个社会阶段的经济体制改革，归根结底还是由历史唯物主义揭示的社会生产力决定社会生产关系这一基本规律决定的。这里所说的社会生产关系，既包括作为其本质的基本经济制度，又包括作为其实现形式的经济体制。

二、建立中国特色社会主义经济制度的客观必然性

首先要说明一点：新中国成立后建立的计划经济体制是社会主义性质的，是与社会主义基本经济制度联系在一起的。新中国在建立计划经济体制的过程中有很多独创之处。不过在基本方面，是按照苏联的计划经济体制模式建立的，并不构成中国特色的社会主义经济制度。改革开放后，中国要建立的社会主义市场经济体制则是以中国处于社会主义初级阶段为依据的，是在中国特色社会主义理论指导下进行的，从而构成了中国特色的社会主义经济体制。

之所以必然要将计划经济体制转变为社会主义市场经济体制，从根本上来说是要适应社会生产力发展的要求。

如前所述，在新中国成立初期，计划经济体制的建立适应了当时社会生产力发展的要求，促进了经济的恢复和发展。不过，这一时期其固有弊端也已明显暴露出来。例如，在微观方面，这种体制不适应企业作为独立市场主体的要求，束缚了企

业的积极性。在宏观方面，这种体制内含的投资膨胀机制造成投资的迅速增长，引发国民经济比例关系失调。这些都会阻碍社会生产力的发展。

之后为了解决其经济管理权限过于集中的问题，也曾进行了两次经济体制的改革。1958年一次，1970年一次。

然而，由于时代条件和认识水平的限制，这两次经济体制改革还只是局限于在计划经济体制框架内进行的行政性分权，即只是中央政府向地方政府以及政府向企业下放一定的经济管理权限，并没有根本改变其高度集中的体制性质。

随着社会生产力的发展，计划经济体制的弊端更趋严重。特别是1958年以后在"左"的思想指导下，这种体制和发展社会生产力的矛盾已达到十分尖锐的程度。这一时期"左"的指导思想的蔓延，不仅表现为盲目追求经济超高速增长，实现"大跃进"，而且表现为盲目追求单一的公有制，特别是全民所有制（国有制）。在违背生产发展规律的情况下，一度将集体公有制改变为全民所有制，非公有制经济更是被扫荡无遗，甚至农民的家庭副业也被视为"资本主义的尾巴"加以割除。

这样，社会生产力必然遭到严重破坏，突出表现就是这一时期某些年份经济增长速度的波动幅度达到了惊人的程度。例如，作为"大跃进"起始年份 1958 年的国内生产总值增速高达 21.3%，而在"大跃进"之后经济调整时期的 1961 年却下降到 -72.7%，二者相差 94 个百分点。再如，"文化大革命"前一年的 1965 年，经济增速为 17.0%，而"文化大革命"开始以后的 1967 年，增速又下降到 -94.3%，二者相差111.3 个百分点。与此相联系，这一时期经济增长增速大幅下降。1953—1957 年国内生产总值年均增速高达 18.0%，1958—1978 年大幅下降到 9.9%，下降了 8.1 个百分点。①

同时，这种高度集中经济体制的严重破坏作用，不仅体现在经济方面，更重要的还在政治方面。"文化大革命"是在毛泽东提出的"左"的无产阶级专政下继续革命理论的指导下发动的，但其终极根源还是高度集中的政治体制，这种体制又源于高度集中的计划经济体制。邓小平曾经着重指出："权力过分集中，越来越不能适应社会主义事业的发展。对这个问题长期没有足够的认识，成为发生'文化大革命'的一个重要原因，使我们付出了沉重的代价。""如果不坚决改革现行制度

---

① 刘仲藜：《新中国经济 60 年》，中国财政经济出版社，2009，第613 页。

中的弊端，过去出现过的一些严重问题今后就有可能重新出现。"①

这里还要提到：1991年社会主义苏联的解体是由多方面的原因造成的。例如，苏共领导集团戈尔巴乔夫等人在根本上背叛了马克思列宁主义，把苏共引上了背离社会主义的邪路；西方经济发达国家对苏联实行的"和平演变"战略。但苏联长期实行计划经济体制依旧是一个重要原因。这种体制在第二次世界大战时期对巩固和发展苏联经济制度曾经起过极重要的作用，但长期得不到改革，其弊端愈趋严重，以致经济增速趋缓，人民生活得不到显著改善，失去人心，社会主义制度也就必然趋于瓦解。

正是依据国内外经验的科学总结，邓小平曾多次尖锐指出："改革是中国发展生产力的必由之路。""不开放不改革没有出路，国家现代化建设没有希望。"1992年初，他又一次重申："不坚持社会主义，不改革开放，不发展经济，不改善

---

① 中共中央文献编辑委员会编《邓小平文选》，第2卷，人民出版社，1993，第329—333页。

人民生活，只能是死路一条。"①这绝不是危言耸听，而是后人应铭记在心的警世名言！

前面主要从历史方面论证了根本改革计划经济体制的必要性，下面着重从理论方面分析将这种体制转变为社会主义市场经济体制的必然性。

为此，首先需要明确社会主义市场经济的概念及其基本框架。

中国社会主义市场经济是一个复合的概念，主要包括以下相互联系的四个方面的内容：①以市场作为配置社会经济资源的基础。②现代的市场经济，即有国家干预的市场经济。③有更多国家干预的市场经济。这是由中国国情决定的。例如，工业化尚未实现，作为弱质产业的农业占国民经济的比重较大；西部经济大大落后于东部，但有丰富的资源，而且主要为少数民族居住地区。这样，实现工业化、发展农业和开发西部就是一个长期的、具有重大经济和政治意义的、需要国家扶持的任务。但这种干预是以市场机制作为资源配置的基础为前提、以

① 中共中央文献编辑委员会编《邓小平文选》，第 3 卷，人民出版社，1993，第 136、219、370 页。

发挥市场机制的作用为基础的。这就是问题的"度"，越过了这一点，就又回到了计划经济。④与社会主义初级阶段的基本经济制度相结合。因此这个基本经济制度就是：以社会主义公有制为主体，多种所有制经济共同发展。

按照马克思主义的观点，事物的共性是寓于个性之中的。市场经济的共性也是寓于资本主义市场经济和社会主义市场经济这些个性之中的。因此，从市场经济这个一般角度来讲，这两种市场经济具有许多共同点。其中最基本的一点，就是二者都将市场作为配置社会生产资源的基础。

但是，这两种市场经济又有重大原则区别。与资本主义市场经济相比较，中国社会主义市场经济的基本特点在于：

第一，它是与社会主义初级阶段的基本经济制度相结合的。在中国社会主义初级阶段，之所以必须实行社会主义公有制为主体、多种所有制经济共同发展的制度，归根结底，是由这个阶段的社会生产力发展水平及其多层次性决定的。而资本主义市场经济是与资本主义所有制这个基本经济制度相结合的。

第二，与社会主义初级阶段所有制结构相适应。社会主义市场经济必须实行以按劳分配为主、与按要素分配相结合的分配制度，而资本主义市场经济则实行以按资分配为主的分配制度。

第三，与上述两点相联系，社会主义市场经济发展的根本目的是实现全体人民的共同富裕。在社会主义初级阶段，由于各种因素的制约，我国在实现共同富裕方面还存在许多有违初衷的情况，远没有实现共同富裕的目标。但随着社会主义市场经济和民主法制的完善以及社会生产力的发展，这个目的是一定可以在将来实现的。在这方面，同资本主义市场经济也有原则性区别。尽管资本主义市场经济经过了几百年的发展，社会生产力和居民生活水平有了前未有的提高，但它不仅没有（也不可能）解决共同富裕问题，甚至没有抑制贫富差距的扩大和两极分化的发展。同时还要看到：社会主义市场经济条件下的共同富裕与计划经济条件下的共同富裕，无论是在实现共同富裕的道路选择上还是在结果上，都有重大区别。几十年的实践表明：在很大程度上，计划经济实现共同富裕的道路是同步富裕，其结果是共同受穷；而市场经济实现共同富裕的道路，是允许和鼓励一部分人和一部分地区通过诚实劳动和合法经营先富起来，然后再带动另一部分人和另一部分地区后富起来。先富的目的是为了更快地实现共同富裕。实践已经开始并将充分证明：先富带后富以实现共同富裕，是一条正确的道路。

第四，在社会主义市场经济条件下，由于社会主义公有制占主体地位，加之政府是由中国共产党领导的，因而政府对宏观经济的调控可能而且必须基于人民的利益。这与资本主义市场经济条件下政府的宏观经济调控基于资本家的利益，也有原则区别。当然，由于多种因素的制约，初级阶段我国宏观经济调控还很不完善，在充分体现人民利益和意志方面也有许多不足。但随着经济体制和民主法制的完善，以及宏观经济调控经验的积累，这方面的缺陷是可以而且必须逐步得到克服的。

依据改革经验的总结，中国社会主义市场经济的基本框架可以确定为：公有制为主体、多种所有制经济共同发展，是社会主义初级阶段的基本经济制度。以此为基石，由现代企业制度、现代市场体系、宏观调控体系、现代分配制度、社会保障体系、开放型经济及市场中介组织这样七根主要支柱构成。这一块基石和七根支柱共同构成了中国特色社会主义市场经济的大厦。

在论述了社会主义市场经济的基本内容以后，再把它在发展生产中的作用同计划经济体制做一下对比，就可以清楚看到：实现计划经济体制到社会主义市场经济体制的转变，正好适应了社会生产力的要求，具体表现如下：

第一，在市场经济条件下，企业作为社会生产的基本单位，在发展社会生产力方面起着极为重要的作用。然而在计划经济休制下，企业供产销和人财物等方面的权力均被集中在政府手中。这就在根本上抹杀了企业的独立经济利益，否定了企业的经营自主权，使得企业成为政府的附属物和算盘珠。不仅如此，计划经济体制既不适应市场主体利益多元化的要求，也不可能完全、充分、及时掌握企业经营管理所必要的信息，再加上政府（特别是部门和地区）本身的利益局限性，以及政府工作人员的素质和对客观事物认识的限制，就不仅不可能对企业实行有效的经营管理，而且必然发生诸多失误。所有这些都会挫伤作为自主经营、自负盈亏市场主体的企业的主动性、积极性和创造性。还要提到：在我国社会主义初级阶段，必须贯彻物质利益原则，这样才能充分调动作为最重要生产力要素的劳动者的积极性。而在计划经济体制下，是不可能从根本上解决作为物质利益原则对立物的平均主义的问题的，这就必然会挫伤劳动者的积极性。在科学技术正在成为和已经成为第一生产力的时代，企业的科技人员和经营管理人员在发展社会生产力中的作用大大加强，而计划经济体制在挫伤这些人员的积极性方面显得尤为突出——所有这些都会降低企业的营运效益。

第二，在市场经济条件下，各个企业为了避免被淘汰，为了实现资本的保值和增值，展开了激烈的竞争。这种竞争是推动社会生产力发展的一种最强大的力量。而在计划经济体制下，企业既无开展竞争的冲动，也缺乏这方面的权限。这样，计划经济体制不仅扼杀了企业发展生产的动力，而且消除了企业发展生产的压力，这就窒息了企业的活力，使得运营效益低下成为各个企业的通病。

第三，在市场经济条件下，发展部门之间和地区之间的经济联系，是促进各部门和各地区经济发展的重要因素。但在计划经济体制下，中央政府的集中管理在许多方面都是通过中央行政部门和地方行政部门实现的。这就形成了条条（部门）和块块（地方）的分割状态。与此相联系，又形成了部门利益和地区利益。这种分割状态和部门、地区利益的驱动，必然在很大程度上割断部门之间和地区之间的经济联系，阻碍经济发展。

第四，实现国民经济的持续稳定发展，是我国提高宏观经济效益的一个重要方面。在计划经济体制下，中央、部门、地方和企业均有旨在实现经济高速增长的动力，再加上盲目推行

"赶超战略"和片面追求以经济增长为主要评价指标的政绩观，就形成了强烈的投资冲动。但在投资方面又缺乏有效的约束和监督机制，由此形成的投资膨胀机制又周期性地导致经济总量失衡和结构失衡。同样在计划经济体制下，调整这种失衡的主要手段又是用行政指令大幅压缩投资。于是，经济的高速增长又迅速变成低速增长，甚至负增长。这样，经济增速大上大下成为经济发展的常态，从而导致宏观经济效益低下，而实行市场经济就可以从根本上避免这一现象。

第五，我国社会主义初级阶段的基本经济制度是：社会主义公有制经济占主体地位（其中，国家所有制占主导地位，集体所有制占重要地位），非公有制经济成为重要组成部分。但按照计划经济体制的思路，要求在全社会范围内实现国有制。因此，在 1958—1976 年计划经济体制强化时期，不仅把残存的非公有制经济扫荡无遗，而且对集体所有制生产的主体部分也实行指令性计划，集体所有制还有一部分实现了向国有制的过渡。这样，计划经济体制不仅根本否定了在社会主义初级阶段发展社会生产力方面还有重要作用的非公有制经济，而且在很大程度上否定了集体所有制经济的作用。由此也扼杀了各种所有制企业之间的竞争，在很大程度上使经济丧失了活力。这就阻碍了整个国民经济的发展。而实行市场经济也可以根除这一点。

以上五方面情况表明：计划经济是不适应社会生产力发展要求的，而市场经济则是适应社会生产力发展要求的。这样，实现计划经济到市场经济的转变，就具有客观必然。不仅如此，实现这个转变还具有必然客观可行性。建立社会主义市场经济的可行性问题涉及诸多方面，但就我国学界长期的理论争议和改革实践分歧来看，其中的关键问题还是社会主义公有制同市场经济是否兼容的问题。

在实际上，市场经济同社会主义公有制尽管有矛盾的一面，但二者不仅是可以相容的，而且具有内在的统一性。为了清楚地说明这一点，有必要分两个层次来说明：

第一个层次是从抽象的社会主义市场经济（即撇开中国社会主义初级阶段所有制结构和公有制实现形式）方面考察。按照马克思主义对简单商品生产和资本主义商品生产产生条件所做的分析，我们可以概括出商品生产一般存在的两个条件，即存在社会分工和不同的所有制（或具有独立经济利益的生产经营单位）。在社会主义初级阶段，社会分工这个条件无疑是具备的。马克思主义认为，在共产主义社会第一阶段（社会主义社会），劳动还只是谋生的手段。这样，由劳动者组成的各个生产单位就必然具有独立的经济利益。因而，社会主义社会必然存在商品生产。①在发达的商品经济（以工业化和现代化作为物质技术基础的商品经济）条件下，必然具有范围覆盖全社会的价值规律。所谓价值规律就是商品价值是由社会必要劳动量决定的，商品价格是由价值决定的。而所谓市场经济就是由价格机制配置社会经济资源。所以，从这个抽象层次考察，社会主义公有制同市场经济具有内在统一性。

但如果研究仅仅停留在这一步，那这个问题并没有得到透彻分析。原因在于：中国在改革以前，非公有制经济几乎完全绝迹，仅仅存在国家所有制和集体所有制这样两种社会主义公有制形式。同时，国家不仅对国有企业实行行政指令性计划，对集体企业的主体部分也实行行政指令性计划。这种以实行行政指令性计划为主要特点的计划经济体制，是排斥市场机制作用的，根本谈不上同市场经济的兼容。

所以，对这个问题的分析还必须进行到第二个层次，即从中国社会主义初级阶段所有制结构和社会主义公有制实现形式

---

① 说明：本节是把商品经济和市场经济当作同意语使用的。

层面进行具体考察。

历史经验和理论分析已经充分证明：①在中国社会主义初级阶段，要通过改革建立以社会主义公有制为主体的、多种所有制共同发展的格局。②适应国有经济发挥主导作用要求而保留下来的国有企业，还要通过改革建立以公司制为其组织形式的现代企业制度。原来的集体企业也要适应商品经济要求进行相应的改革。至于非公有制企业，其天然就是适应这一要求的。这样，在社会主义初级阶段，各种所有制企业就都成为自主经营、自负盈亏的商品生产经营者。如此，价值规律的作用，就覆盖到了全社会范围。这同时意味着市场经济成为社会经济资源的主要配置方式，从而使社会主义公有制同市场经济的内在统一成为活生生的现实。

说明这一问题的时候，还需要进一步说明社会主义公有制同市场经济不能相容的观念长期存在的原因。

一是马克思主义创始人对社会主义社会商品经济要消亡的预言采取了教条主义的态度。实践已经证明：马克思、恩格斯的这个设想是不符合实际的。这主要是由于他们所处时代的限制。当然，马克思主义创始人在生前曾多次告诫当时的和后来的共产党人，他们的理论并不是完全的真理，而是行动的指南。所以，只要不是对马克思主义创始人的上述设想采取教条主义的态度，而是采取实事求是的态度，那就没有理由把社会主义公有制同市场经济对立起来。

在那些不熟悉或不相信马克思主义的人群（包括国内外的）中，也有人认为，社会主义公有制和市场经济是不相容的。对他们来说，这种观念主要是由于囿于一段期间的历史事实而形成的。因为在历史上，市场经济确实是伴随资本主义私有制经济的确立、发展而形成和发展的，而计划经济是伴随社会主义公有制的建立、发展而形成和发展的。不过这种观念就像把国家的宏观经济调控（包括计划）同资本主义私有制看成不相容一样，都是不合理的。

二是没有把作为基本经济制度的社会主义公有制和作为社会资源配置方式（或社会基本经济制度的实现形式）的市场经济区别开来。在理论上，这是两个有严格区分的经济范畴。同时国内外的实践经验也表明：在发达的商品经济（包括资本主义条件下的市场经济和社会主义条件下的市场经济）条件下，它们都必须以市场机制作为配置社会资源的基础。当然，同时两者都需要国家的宏观经济调控。

如果从这个角度来考察，那么，社会主义公有制和市场经济不仅是可以兼容的，而且具有内在统一性。按照邓小平理论，社会主义的根本原则，是"一个公有制占主体，一个共同富裕"。社会主义的本质，"就是解放生产力，发展生产力"。[①]党的十一届三中全会以来的改革经验证明：市场取向的经济改革，是重新焕发和激励社会主义公有制企业（特别是国有企业）活力、实现经济持续快速发展和共同富裕的唯一正确道路。当然，像任何事物一样，市场经济也有二重性，也有负面影响，处理不当也会冲击社会主义公有制的主体地位，甚至在某种程度上导致贫富分化。但总的来说，市场经济同社会主义公有制是可以兼容的。而且，在建立社会主义市场经济的过程中，只要坚持中国特色社会主义理论和党在社会主义初级阶段的基本路线，就可以做到有效发挥它的积极作用，限制它的消极作用，较好地实现它与社会主义公有制的兼容。

中国进行市场取向的改革实现的从计划经济到社会主义市场经济的根本改变，不仅是空前未有的伟大事业，而且是极其艰巨的事业。在邓小平创立的中国特色社会主义理论指导下，

---

① 中央财经领导小组办公室：《邓小平经济理论（摘编）》，中国经济出版社，1997，第28、33页。

在这一时期（从 1978 年底党的十一届三中全会到 2012 年 12 月党的十八大）我们克服了重重困难，取得了伟大的胜利。集中起来说，就是中国特色社会主义经济制度已经建立起来，并得到了完善，主要表现在以下五个方面：

第一，作为社会主义市场经济基础的以社会主义公有制为主体的、多种所有制共同发展的格局已经形成，并得到了发展。见表 3-2。

表 3-2　1978 年、1997 年、2002 年我国各种所有制经济
在国民生产总值中的比重

单位：%

年份	国有经济	集体经济	非公有制经济
1978	56.0	43.0	1.0
1997	40.8	35.0	24.2
2002	36.9	28.3	34.8

资料来源：《中国统计年鉴》有关年份数据。

表 3-2 的数据表明：1978 年改革开始时，公有制经济占国内生产总值的比重高达 99.0%，非公有制经济仅占 1.0%。但到 2002 年，前者的占比下降到 65.2%，后者的占比上升到34.8%。

2002—2011 年，这种趋势还有进一步发展。

工业增加值所有制构成的变化更清楚地证明了这一点。1978 年，国有工业和国有控股工业的增加值在工业增加值总量中的占比为 77.6%，2000 年下降到 47.3%，2011 年进一步下降27.2%；集体工业增加值在这三个时间点的占比分别为22.4%、13.8% 和 17.7%；非公有制工业增加值的占比分别为 0%、38.9%和 55.1%。见表 3-3。

表 3-3　1978 年、2000 年、2011 年我国工业增加值所有制构成情况

单位：%

年份	国有工业和国有控股工业	集体工业	非公有制工业
1978	77.6	22.4	0.0
2000	47.3	13.8	38.9
2011	27.2	17.7	55.1

资料来源：《中国统计年鉴》有关年份数据。

第二，作为社会主义市场经济主要标志的市场调节的基础作用已经大体实现。这主要表现在：作为计划经济主要标志的指令计划在社会生产和销售中的占比大幅下降，其中有些部分已经被完全取消。

就社会生产来看，1978 年对 25 种主要农产品生产实行指令性计划，对 120 种主要工业品实行指令性计划，其产值占到工业总产值的 70%。但到 21 世纪初，对农产品的指令性计划全部取消，仅有 9 种农产品实行指令性计划，对工业产品也仅有 12 种实行指导性计划，占工业总产值的比重下降到 4%左右。

就社会产品销售看，1978 年，生产资料由国家定价的比重占 100.0%，在社会商品零售总额中占比为 97.0%，在农副产品收购总额中占比为 96.0%；到 1997 年，三者分别下降到 4.0%、5.0%和 15.0%。1997 年以后，这种趋势也有进一步发展。

需要着重指出：指令计划在社会生产资源配置中作用的消失，意味市场调节的基础作用已经形成。这也是我国社会主义市场经济已经形成的主要标志。

第三，社会主义市场经济在对外关系方面已经成熟的主要标志，就是开放型经济已经形成。

市场取向的改革与对外开放是相互联系、不可分割的整体。对外开放既是市场取向改革在对外关系领域的必然延伸，又是促进改革不可或缺的因素。这一点，在我国改革初期表现得尤为突出。历史证明：这一时期我国改革的发展正是在沿海地区开放的大力推动下发展起来的。

正是由于改革与开放存在着这种密切的依存关系，因而伴随我国社会主义市场经济的建立，开放型经济也随之形成。

这里还需先明确对外开放概念的全部内涵。对外开放如国内生产一样，都包括生产关系和生产力两个方面。生产关系也包括作为基本经济制度的所有制和作为基本经济制度实现形式的经济体制。但当前我国学界的流行观点却把对外开放仅仅归结为实物型的对外开放（如对外贸易和对外投资等），忽略了制度型的对外开放，这一点同把对外开放仅仅归结到生产力层面相联系。而本书所说的对外开放则包括实物型对外开放和制度型对外开放两个方面。

就实物型对外开放来说，这一时期开放型经济形成的重要标志有以下四个方面：

一是对外贸易的发展。1978—2011 年，我国货物进出口总额由 206.4 亿美元增长到 36418.6 亿美元，其中出口额由 97.5 亿美元增长到 18983.8 亿元，进口额由 108.9 亿美元增长到 17434.8 亿元。与此相联系，如果将 1980 年进出口总额、出口额和进口额三者的指数设定为 100，那么，到 2011 年三者分别上升到 9549.6、10477.29 和 8710.2。

同时，出口额占国内生产总值的比重及其占世界出口额的比重也大幅上升。前者由 1980 年的 5.9% 上升到 2011 年的 25.3%，后者由 0.9% 上升到 10.4%，居世界出口总额的位置由 26 位上升到第 1 位。[①]

二是利用外资的发展和对外投资的发展。1978—1982 年，我国实际利用外资 130.60 亿元，2011 年上升到 1176.98 亿美元，增长了 8.02 倍（见表 3-4）。

表 3-4　1978 年、1982 年、2011 年我国实际利用外资情况[①]

单位：%

年份	总额	对外借款	外商直接投资	外商其他投资
1978—1982	130.60	106.90	17.69	6.01
2011	1176.98	—	1160.11	16.87

伴随经济的增长和对外开放的扩大，我国对外投资也迈开了步伐。2002—2011 年，我国对外直接投资由 27.4 亿美元上升到 746.5 亿美元，增长了 26.65 倍。见表 3-5。

---

① 国家统计局贸易外经统计司编《中国贸易外经统计年鉴（2019）》，中国统计出版社，2019，第 562、565、568 页；国家统计局编《中国统计摘要（2020）》，中国统计出版社，2020，第 23、94、204 页。

表 3-5　2002 年和 2011 年我国对外直接投资情况①

单位：%

年份	对外直接投资流量	对外直接投资存量
2002	27.4	299.0
2011	746.5	4247.8

三是对外经济合作的发展。包括对外承包工程和对外劳动合作两个方面。1979—2011 年承包工程完成营业额，由 1.23 亿美元增长到 1034.24 亿美元，增长了 839.8 倍。1984—2011 年派出劳务人员数，由 2.19 万人增长到 32.40 万人，增长了 13.8 倍；对外劳务合作年末在外人数，由 2.76 万人增长到 48.84 万人，增长了 16.7 倍。见表 3-6。

四是国际旅游的发展。1978—2011 年，国际旅游收入由 2.63 亿美元增长到 484.64 亿美元，增长了 183.3 倍；1980—2011 年，国际旅游收入居世界位次由第 34 位提高到第 4 位。见表 3-7。

制度型的对外开放，主要有以下两方面：

一是国内区域开放的发展。这里所说的国内区域开放就是

---

① 国家统计局编《辉煌 70 年：新中国经济社会发展成就（1949—2019）》，中国统计出版社，2019，第 390 页。

表 3-6　1979—2011 年我国对外经济合作情况[1]

年份	对外承包工程		对外劳务合作	
	合同额 / 份	完成营业额 / 亿美元	派出劳务人数 / 万人	年末在外人数 / 万人
1979	27	—	—	—
1980	138	1.23	—	—
1984	—	—	2.19	2.76
2011	6381	1034.24	32.40	48.84

表 3-7　1978 年、1980 年、2011 年我国国际旅游收入情况[2]

单位：亿美元

年份	国际旅游收入	居世界位次
1978	2.63	—
1980	—	34
2011	484.64	4

兴办经济特区。在 1979 年 7 月—1992 年期间，在这方面已经
形成了经济特区—沿海开放城市—沿海经济开放区—内陆开放

---

① 国家统计局贸易外经统计司编《中国贸易外经统计年鉴 (2019)》，
第 69 页。

② 同上书，第 685 页。

城市这样一个包括不同开放层次、具有不同开放功能的梯度推进格局。其后，伴随我国改革的发展，经济特区获得了进一步发展。

在我国改革从起步到发展的整个过程中，兴办经济特区起了其所特有的"试验田"的作用，极大地推动了我国改革的发展。这是制度型对外开放最重要的表现。而且，特区自身的经济也获得了惊人的发展。例如，仅在1979—1990年期间，深圳特区的地区生产总值就增长了59倍，而同期的国内生产总值仅增长了1.64倍①——尽管这个增速也是很高的，但却远远低于深圳特区的增速。

二是国际区域经济合作的发展。这一时期，我国参加了多个重要的国际经济合作组织，主要包括中国—东盟自由贸易区、上海合作组织和金砖国家。这是制度型对外开放的另一个重要表现。

参加国际区域合作组织的意义在于两方面：其一，扩大了我国实物型对外开放。例如，多年来中国—东盟自由贸易区的

---

① 国家统计局编《辉煌70年：新中国经济社会发展成就（1949—2019）》，第373—374页。

贸易额在我国对外贸易中始终居于前列。其二，扩大了我国制度型对外开放。原因在于我国参加国际区域经济合作，始终严格遵循平等互利共赢这个体现社会主义政治经济制度本质的原则，并力图通过共商共建共享途径将其实现，这就扩大了自身的影响力。

综上所述，这一时期我国实物型对外开放已经建立并有很大发展，制度型对外开放也迈出了重要步伐。据此可以认为，这一时期我国的开放型经济已经形成。

中国特色社会主义经济制度的建立，成为这一时期我国经济发展的根本动力，使社会生产力获得了空前未有的大发展，具体表现为：

第一，全国各主要生产要素大幅增长。首先，1978—2011年，在劳动力增长和实现充分就业的基础上，作为最重要生产要素的就业人口迅速增加。这一时期城镇登记失业率由5.3%下降到4.3%，与此相联系，全国就业人数由4015.5万人增加到7619.6万人，增长了89.8%。[①]

---

① 国家统计局编《中国统计摘要（2021）》，中国统计出版社，2021第40页。

这一时期作为另一主要生产要素的固定资产投资增长幅度更大，由 1981 年的 961 亿元增长到 2011 年的 238782 亿元，按当年价格计算，增长了 247.5 倍。①

第二，在各主要生产要素大幅度增长的基础上，经济效益也有了明显提高，这突出表现在社会劳动生产率的增长上。

表 3-8 的数据表明：1978—2011 年社会劳动生产率提高了 65 倍，年均提高 13.6%，速度大大超过了以往各个时期。

表 3-8　1978 年和 2011 年我国社会劳动生产率提高情况②

年份	国内生产总值 （不变价，亿元）	就业人员 / 万人	每个就业人员提供的 国内生产总值（万元 / 人）
1978	35936	40152	894.8
2011	451480	76196	59078.8

决定社会劳动生产率提高的因素主要有：

①各种生产资源的活力得到充分发挥，效能也得到显著提高。就这里分析的问题来说，需要着重提到：按劳分配与按要素分配相结合的贯彻执行，使劳动者和经营者都能获得与劳动

① 国家统计局编《中国统计年鉴（2021）》，第 308 页。
② 同上书，第 82、120 页。

和经营相对应的收入，他们的财富和收入也就有了大幅提高，生活水平也有显著的改善，大大激发了他们劳动和经营的积极性。

表 3-9、3-10 的数据表明：1978—2011 年，中国全体居民人均可支配收入提高了 84.1 倍，年均增长 8.6%；消费水平也提高了 70.7 倍，年均增长 8.0%。

表 3-9　1978 年和 2011 年我国全体居民人均可支配收入情况

年份	绝对数 / 元	指数（1978=100）
1978	171	100.0
2011	14551	1483.3

表 3-10　1978 年和 2011 年我国全体居民人均消费支出情况①

年份	绝对数 / 元	指数（1978=100）
1978	151	100.0
2011	10820	1267.6

---

① 国务院发展研究中心市场经济研究所：《改革开放 40 年》，中国发展出版社，2019，第 386 页。

在这方面，还要着重提到：这一时期农村贫困人口大幅减少。表3-11的数据表明：2011年农村贫困人口比1978年减少了64801万人，贫困发生率下降了84.8个百分点。

表3-11　1978年和2011年我国农村贫困人口情况（2010年标准）[①]

年份	贫困人口 / 万人	贫困发生率 / %
1978	77039	97.5
2011	12238	12.7

②科学技术的应用得到逐步扩大。为了说明这个问题，有必要回顾一下科学技术发展的历史。在人类社会第一个阶段——原始社会，还不存在科学技术，到了奴隶社会才有科学技术的萌芽。到了封建社会，科学技术得到了发展，但也只是作为促进社会生产力发展的一个因素，并不直接构成生产力。到了机械化生产时代，科学技术开始作为生产力直接参与社会生产过程。从20世纪下半叶起，现代科学技术在社会生产中已上升为第一生产力。

我国社会生产力发展的一个重要特点，就是发展很不平

---

① 国务院发展研究中心市场经济研究所：《改革开放40年》，第387页。

衡，手工劳动、半机械化生产、机械化生产和以现代科学技术为基础的现代化生产各占一定的比重。不过，不同层次的科学技术在各个生产领域（包括半机械化、机械化和现代技术生产）都得到了各得其所的应用，成为促进劳动生产率提高的一个最重要因素。

③劳动者技术水平提高。这一点与中等职业教育和高等教育的发展是直接相联系的。表 3-12 的数据表明，1978—2011 年中等职业教育、普通本科专科和研究生的毕业人数以及出国留学学成回国人员分别增加了 15.38 倍、35.86 倍、4776.7 倍和 749.81 倍。

表 3-12　1978 年和 2011 年中等职业教育以上毕业人数[①]

单位：万人

年份	中等职业教育	普通本专科	研究生	出国留学学成回国人员
1978	40.3	16.5	9	248
2011	660.0	608.2	42999.4	186200

④产业部门结构的优化和升级。改革前，我国产业结构的

---

① 国务院发展研究中心市场经济研究所：《改革开放 40 年》，第 437—438 页。

一个突出问题就是结构严重失衡，特别是作为产业结构现代化重要标志的第三产业在整个产业中的占比过低。

总的说来，新中国成立后，工业增长速度长期过快，其他产业长期过慢。这是从总的发展趋势说的，并不否定其中某些年份经济增速是适度的。这样，到 1978 年工业在国内生产总值中的占比过高，其他产业占比过低。诚然，在实现工业化的过程中，工业增加值在国内生产总值中的占比较高是符合客观经济规律要求的，但这就必然导致产业结构失衡。表 3–13、表 3–14 的数据表明：1952—1978 年我国工业平均增长速度每年高达 10.7%，比农业、建筑业和第三产业分别高出 8.8 个百分点、3.5 个百分点和 4.9 个百分点。到 1978 年，工业占比猛升到 44.1%，而在同一期间，农业占比却大幅下降到 21.8，建筑业占比只上升了 0.6 个百分点，第三产业占比还逆势下降了 4.3 个百分点。而在工业化时期，农业占比下降、工业占比上升是符合工业化客观规律的，这里的问题是工业占比上升和农业占比下降过快。这就是工业与农业发展比例关系失衡的表现。同样，工业与建筑业和第三产业的比例关系也处于失衡状态。这些数据突出显示了这一时期产业结构的严重失衡状况。

但在改革以后的 1979—2011 年，这种产业严重失衡的状

表 3-13　1952 年和 1978 年国内生产总值各产业行业指数[①]

（按不变价格计算）

年份	国内生产总值	第一产业	第二产业	工业	建筑业	第三产业
1952	100.0	100.0	100.0	100.0	100.0	100.0
1978	471.4	170.1	1525.2	1694.0	609.4	392.7

表 3-14　1952 年和 1978 年国内生产总值各产业行业构成[②]

（按当年价格计算）

年份	国内生产总值	第一产业	第二产业	工业	建筑业	第三产业
1952	100.0	51.0	20.8	17.6	3.2	28.2
1978	100.0	28.2	47.9	44.1	3.8	23.9

况不仅有了根本的改变，在产业结构的优化升级方面还有亮眼表现。这一时期农业年均增速上升到 4.6%，比 1952—1978 年提高了 2.7 个百分点；工业增速为 11.9%，提高了 1.2 个百分点；建筑业增速为 11.7%，提高了 4.5 个百分点；第三产业增

① 国家统计局编《新中国 60 年》，中国统计出版社，2009，第 614 页。
② 同上书，第 612 页。

速为 11.3%，提高了 5.5 个百分点。与这种各产业部门年均增速大体均衡状况相适应，产业结构就由前一个时期的严重失衡转变为大体趋于协调的状态。具体表现是：农业占国内生产总值的比重比1978 年下降了 19 个百分点，与工业占比的差距，比前一个时期扩大了 14.9 个百分点，这是符合工业化发展规律要求的。建筑业占比与工业相比，由前一个时期小于40.3 个百分点缩小到小于 33.5 个百分点，也反映出二者比例关系是趋于协调的。第三产业占比由前一个时期小于工业占比 20.2 个百分点急转为大于工业 4.3 个百分点，更是突出反映了产业结构的优化和升级。原因在于在工业化现代化生产条件下，第三产业是现代科学技术运用的最重要载体。见表 3-15。

表 3-15　1979—2011 年国内生产总值各产业行业增速和构成[①]

（1979—2011 年增速以 1978 年为基期）

单位：%

年份(日期)	国内生产总值	第一产业	第二产业	工业	建筑业	第三产业
1979—2011	10.3	4.6	11.8	11.9	11.7	11.3
2011	100.0	9.2	46.5	40.0	6.5	44.3

① 国家统计局编《中国统计年鉴（2021）》，第 80—81、84—85 页。

第三，经济增速趋于持续，实现稳定和高速发展。

改革以前，经济增长并不是持续的。在 1953—1978 年期间，由于"大跃进"的失败和"文化大革命"的破坏，经济曾经出现了 6 年的负增长，幅度最低为 0.3 个百分点，最高达到 27.3 个百分点。见表 3-16。但在 1978—2011 年，经济是逐年持续增长的。

表 3-16　1953—1978 年期间国内生产总值呈负增长的年份①

（以上年为 100）　　　　　　单位：%

年份	负增长率
1960	99.7
1961	72.7
1962	94.4
1967	94.3
1968	95.9
1976	98.4

笔者依据我国经济周期波动幅度（即波谷年经济增速与波峰年经济增速相比的落差）设想，落差在 2 个百分点以下称为

---

① 国家统计局编《新中国 60 年》，第 613 页。

微波周期，5 个百分点以下称为轻波周期，10 个百分点以下称
为中波周期，10 个百分点以上称为强波周期，20 个百分点以
上称为超强波周期。这样，在 1953—1978 年期间共发生了 1
次中波周期、2 次强波周期、2 次超强波周期。但在 1979—
2011 年期间，只发生了 1 次强波周期、1 次中波周期、2 次轻
波周期。见表 3-17。

表 3-17 1953—2011 年经济周期波动强度一览[①]

年份	周期（次数）	波峰年经济增（以上一年为 100）	速波谷年经济增（以上一年为 100）	落差周期强度
1953	1	115.6		
1957		105.1	10.5	强波周期
1958	2	121.3		
1961		72.7	48.6	超强波周期
1964	3	118.3		
1967		24.0	94.3	超强波周期
1970	4	119.4		
1972		103.8		强波周期

---

① 国家统计局编《新中国 60 年》，第 613 页；国家统计局编《中国
统计摘要（2021）》，中国统计出版社，2021，第 26 页。说明：第一至第
十周期变化原因见本书第四章第二节。

（续表）

年份	周期 （次数）	波峰年经济增 （以上一年为100）	速波谷年经济增 （以上一年为100）	落差周期 强度
1973	5	107.9	15.6	
1976		98.4	9.5	中波周期
1977			6.6	
1978	6	111.7		
1981		105.1		中波周期
1984	7	115.2		
1990		103.9		强波周期
1992	8	114.2	107.7	
1999		6.5		中波周期
2007	9	114.3		
2011		109.6	4.6	轻波周期
2012	10	107.9		
2019		106.0	1.9	微波周期

　　上述数据充分证明：改革以来，我国经济已经趋于平稳发展。与上述持续稳定增长相联系，经济进一步趋于高速发展。国内生产总值每年平均增速高达 10.2%，比1953—1978 年的 6.1%高出 4.1 个百分点。而且，这是在数据基数大大提高的条件下实现的，1952 年国内生产总值为 679.0 亿元，而 1978 年

为 3645.2 亿元，为 1952 年 5.4 倍。

总之，1978 年以来，经济体制改革强有力推动了我国社会生产力发展，进一步以铁的事实证明：这项改革是适应社会生产力发展要求的。

概括起来说，适应社会生产力发展的要求，实现从计划经济体制到社会主义市场经济体制的转变，建立中国特色社会主义经济制度，就是新中国成立后第三次经济变革的全部含义。

第三节　彰显了邓小平理论的
　　　　伟大胜利

马克思和恩格斯在人类历史上首次创建了由哲学、政治经济学和科学社会主义三部分构成的马克思主义，揭示了人类社会、自然和思维发展的客观规律。这是马克思、恩格斯对国际无产阶级和世界人民做出的迄今独一无二的极其伟大的贡献！

由于受时代的局限和认识规律的制约，他们也留下了两个有关社会主义但并不符合后来实践发展的预言。

一是他们依据对当时世界无产阶级与资产阶级力量的对比分析，提出无产阶级要取得革命胜利，必须同时在主要的资本主义国家发动武装起义。后来列宁依据帝国主义时代的特点，特别是基于资本主义经济发展不平衡的规律，提出无产阶级革命首先在资本主义薄弱环节的一个国家取得胜利是可能的。正是在列宁创立的帝国主义论和社会主义革命新理论的指导下，俄国十月社会主义革命才取得了胜利。第二次世界大战以后，也正是在这个理论的指导下，更多的国家相继取得了社会主义革命的胜利。所以，列宁提出的帝国主义理论是实践中的胜利，可以看作是马克思主义第一次划时代的伟大胜利。这个胜利的主要特征就是把马克思创立的科学社会主义从理论变成了实践，开辟了建立社会主义制度的新时代。

二是伴随资本主义私有制的消灭和公有制的建立，商品生产就会消亡，代之而起的是计划经济的建立。这个预言尽管不符合后来的社会主义实践，但在一个长时期内并没有得到否定。应该说明，列宁以伟大的无产阶级革命家的巨大勇气，依据帝国主义时代的实践，否定了上述马克思主义创始人提出的第一个预言，而且在否定第二个预言方面也做了初步尝试。

俄国在十月革命取得胜利以后，面临着帝国主义国家联合的武装干涉。苏维埃政权在生死存亡的严峻时刻，不得不实行了战时共产主义体制，通过余粮征集制无代价地从农民手中征集粮食。在战争情况下，这一点农民还是能够接受的。但在战争结束以后，农民强烈的不满情绪就暴露出来，以至于有的地方发生了暴动。这使列宁觉察到余粮征集制在战争结束以后行不通，于是改行粮食税，实行新经济政策。新经济政策的主要内容，就是用国家掌握的工业品与农民的农产品按商品经济原则进行交换。这虽然还不是完全意义上的商品经济，但在很大程度上体现了商品交换原则。新经济政策的实行，使得苏联国民经济得以迅速恢复。不过由于列宁去世太早，没来得及总结新经济政策的成功经验。在斯大林领导下，苏联摒弃了新经济政策，完全转向计划经济轨道。

之后所有的社会主义国家都把商品经济看成是资本主义经济制度的基本特征，把计划经济看作是社会主义经济的基本特征。

毛泽东把马克思列宁主义一般原理与中国实际结合起来，创立了新民主主义社会论（包括新民主主义革命论和新民主主义社会两部分），成功地解决了中国这样一个世界上最大的半殖民地半封建国家的民主革命问题。之后又进一步探索解决了新民主主义社会向社会主义社会转变以及社会主义建设的问题。这是继列宁之后马克思主义又一次划时代的发展，同时又是马克思主义中国化的首创阶段。

邓小平在马克思列宁主义的指导下，从客观存在的实际情况出发，紧密依据资本主义国家和社会主义国家的实践，适应我国经济体制改革的紧迫需要，以无产阶级革命家的伟大气魄，否定了马克思主义创始人提出的第二个预言，并旗帜鲜明地指出："我们必须从理论上搞懂，资本主义与社会主义的区分不在于是计划还是市场这样的问题。社会主义也有市场经济，资本主义也有计划控制。""计划和市场都是经济手段。""要发展生产力，经济体制改革是必由之路。""不坚持社会主义，不改革开放，不发展经济，不改善人民生活，只能是死路一条。"①这就为我国经济体制改革扫除了最大的思想障碍，为我国确立社会主义市场经济体制的改革目标奠定了最坚实的理论基础。历史表明：这是一个关乎巩固社会主义制度命运的问题，是一个具有重大国际意义的问题。但从更完整的意义上来说，邓小平理论"第一次比较系统地初步回答了中国社会主义的发展道路、发展阶段、根本任务、发展动力、外部条件、政治保证、战略步骤、党的领导和依靠力量以及祖国统一等一系列基本问题，指导我们制定了在社会主义初级阶段的基本路

---

① 中共中央文献编辑委员会编《邓小平文选》，第 3 卷，人民出版社，1994，第 138、364、370、373 页。

线"。①也正因为如此，邓小平当之无愧地成为中国特色社会主义理论的首创者，是继毛泽东之后马克思主义又一次具有划时代意义的发展，同时也是马克思主义中国化的第二个发展阶段。

当然，中国特色社会主义理论在党的十二大至十八大期间还有很大发展。特别是党的十八大以来，以习近平同志为核心的党中央提出了一系列的新理念、新思路、新战略，做出了另一次具有划时代意义的发展。

毛泽东在论述认识与实践关系的时候，曾经深刻全面地提出："理论的东西之是否符合于客观真理性这个问题，在前面说的由感性到理性之认识运动中是没有完全解决的，也不能完全解决的。要完全地解决这个问题，只有把理性的认识再回到社会实践中去，应用理论于实践，看它是否能够达到预想的目的……马克思列宁主义之所以被称为真理，也不但在于马克思、恩格斯、列宁、斯大林等人科学地构成这些学说的时候，而且在于为尔后革命的阶级斗争和民族斗争的实践所证实的时

---

① 《中国共产党第十五次全国代表大会文件汇编》，人民出版社，1997，第 12 页。

候。"①同样的道理，邓小平提出的中国经济体制改革理论，也不单在于它们科学地构成这些理论的时候，还在于为之后中国经济体制改革实践所证实的时候。而中国经济体制改革的成就恰恰证明了他的改革理论的正确性。这就是本节提出的改革彰显了邓小平理论取得划时代伟大胜利的全部含义。

① 毛泽东：《毛泽东选集》，第 1 卷，人民出版社，1991，第 292—293 页。

第四章

建立新时代中国特色社会主义经济制度
——中国第四次经济变革

第一节　新时代中国特色
社会主义理论

　　本章分析的建立新时代中国特色社会主义经济制度是在习近平新时代中国特色社会主义理论的指导下实现的。这里首先有必要先论述这个理论的科学内容。

　　如前所述，党的十一届三中全会以来，邓小平在马克思列宁主义指导下，从中国实际出发，依据国内外实践经验的总结，在党的历史上第一次科学回答了什么是社会主义和怎样建设社会主义这个伟大的时代课题，开辟了中国社会主义事业发展的新时代，逐步形成了中国特色社会主义，即邓小平理论。江泽民在建设中国特色社会主义的实践中发展了什么是社会主义、怎样建设社会主义和建设什么样的党、怎样建设党的理论，形成了"三个代表"重要思想。胡锦涛依据中国特色社会主义实践的发展，进一步回答了实现什么样的发展、怎样发展的时代课题，形成了科学发展观。

党的十八大以来，习近平总书记适应中国特色社会主义进入新时代的要求，回答了新时代坚持和发展什么样的中国特色社会主义、怎样发展中国特色社会主义这个伟大的时代课题，形成了新时代中国特色社会主义思想。

作为新时代中国特色社会主义思想的首创者，习近平总书记对这个思想做了最全面最系统最深刻的回答。集中起来说，其主要内容就是他所概括的"八个明确"和"十四个坚持"。

"八个明确"就是：明确坚持和发展中国特色社会主义，总任务是实现社会主义现代化和中华民族伟大复兴，在全面建成小康社会的基础上，分两步走在本世纪（21世纪）中叶建成富强民主文明和谐美丽的社会主义现代化强国；明确新时代我国社会主要矛盾是人民日益增长的美好生活需要和不平衡不充分的发展之间的矛盾，必须坚持以人民为中心的发展思想，不断促进人的全面发展、全体人民共同富裕；明确中国特色社会主义事业总体布局是"五位一体"、战略布局是"四个全面"，强调坚定道路自信、理论自信、制度自信、文化自信；明确全面深化改革总目标是完善和发展中国特色社会主义制度、推进国家治理体系和治理能力现代化；明确全面推进依法治国总目

标是建设中国特色社会主义法治体系、建设社会主义法治国
家；明确党在新时代的强军目标是建设一支听党指挥、能打胜
仗、作风优良的人民军队，把人民军队建设成为世界一流军
队；明确中国特色大国外交要推动构建新型国际关系，推动构
建人类命运共同体；明确中国特色社会主义最本质的特征是中
国共产党领导，中国特色社会主义制度的最大优势是中国共产
党领导，党是最高政治领导力量，提出新时代党的建设总要
求，突出政治建设在党的建设中的重要地位。

　　"十四个坚持"是：坚持党对一切工作的领导；坚持以人
民为中心；坚持全面深化改革；坚持新发展理念；坚持人民当
家作主；坚持全面依法治国；坚持社会主义核心价值体系；坚
持在发展中保障和改善民生；坚持人与自然和谐共生；坚持总
体国家安全观；坚持党对人民军队的绝对领导；坚持"一国两
制"和推进祖国统一；坚持推动构建人类命运共同体；坚持全
面从严治党。①

　　以上"八个明确"就是习近平新时代中国特色社会主义思

---

　　①《中国共产党第十九次全国代表大会文件汇编》，人民出版社，
2017，第15—21页。

想的核心内容，"十四个坚持"构成了新时代坚持和发展中国特色社会主义的基本方略。二者是不可分割的有机整体。

在习近平新时代中国特色社会主义思想指导下，党的十八届三中全会做出了《关于全面深化改革若干重大问题的决定》：指出"全面深化改革的总目标是完善和发展中国特色社会主义制度，推进国家治理体系和治理能力现代化"，"紧紧围绕使市场在资源配置中起决定性作用深化经济体制改革，坚持和完善基本经济制度，加快完善现代市场体系、宏观调控体系、开放型经济体系，加快转变经济发展方式，加快建设创新型国家，推动经济更有效率、更加公平、更可持续发展"。强调"经济体制改革是全面深化改革的重点"，还就深化经济体制改革做出了一系列的战略安排。①

这样，该《决定》就成为新时代全面深化改革的纲领性文件，具有极重要的意义。习近平总书记高度评价了这一点，指出："党的十一届三中全会是划时代的，开启了改革开放和社会主义现代化建设历史新时期。党的十八届三中全会也是划

---

① 《中共中央关于全面深化改革若干重大问题的决定》，人民出版社，2013，第3—28页。

时代的，开启了全面深化改革、系统整体设计推进改革的新时代。"①

　　本章就是依据上述文件精神论述建立新时代中国特色社会主义经济制度的客观必然性。

---

① 中共中央宣传部：《习近平新时代中国特色社会主义思想学习纲要》，学习出版社、人民出版社，2019，第82页。

第二节　建立新时代中国特色社会主义经济制度的客观必然性

　　从根本上说来，建立新时代中国特色社会主义经济制度的客观必然性，同本书第三章所说的建立中国特色社会主义经济制度的客观必然性是相同的，都是社会生产力决定社会生产关系（包括作为基本经济制度的所有制和作为所有制表现形态的经济体制）这一历史唯物主义基本规律的客观要求，但其具体内容和表现形式又有重大区别。

　　建立新时代中国特色社会主义经济制度的客观必然性涉及多方面的内容。这里仅就上述党的十八届三中全会提出的完善基本经济制度、现代市场体系、宏观调控体系和开放型经济体系这四个方面具体论述其客观必然性。

一、完善基本经济制度

　　如前所述，我国社会主义初级阶段基本经济制度的格局是以社会主义公有制为主体，多种所有制共同发展。1978年改革以来，这种格局已经形成。但直到党的十八大以前，这种格局并不完善，仍然不能适应社会生产力进一步发展的要求，需要进一步予以发展和完善。这一点也涉及众多，其突出表现有三方面。

（一）社会主义公有制经济占比下降，非公有制经济占比上升

改革以来，我国社会生产力虽然已经有了很大的发展，但直到党的十八大之前，社会生产发展不充分不平衡的问题并没有得到根本改变。就发展不平衡来说，在生产工具方面，手工劳动生产、半机械化生产、机械化生产和现代化生产并存的情况仍然在各个生产领域不同程度存在着。这意味着我国发展以中小型企业为主的非公有制经济的空间还是很大的。

而且，在现代科学技术迅猛发展的条件下，中小型企业也越来越成为这方面的重要载体。考虑到这个重要因素，发展中小型非公有制企业，对于促进社会生产力的作用就更大。

还需指出，改革以来，我国在对外开放方面取得了重大成就，因而这方面发展空间也很大。这样，发展作为外资企业重要组成部分的中小型企业，其作用也不可忽视。

  总之，进一步发展中小型企业，调整我国所有制结构，是完善社会主义经济基本经济制度的一个重要方面，也是适应社会生产力发展要求的一个重要方面。

  党的十八大以来，我国在发展和完善社会主义初级阶段所有制经济结构方面采取了一系列重要措施，并取得了显著成效。其中的一个重要方面，就是社会主义公有制在经济总量中的占比进一步趋于下降，非公有制的占比趋于上升。这一点在工业方面表现得尤为明显。在 2011—2018 年间，国有经济在规模以上工业总产值方面的占比由 2011 年的 41.7%下降到 2018 年的38.8%，非公有制经济的占比由 38.9%上升到 40.9%。见表 4–1。

表 4–1　2011 年和 2018 年各种所有制经济
占规模以上工业总产值的比重[①]

单位：%

年份	国有经济	私营经济	港澳台资本和外资经济
2011	41.7	20.0	18.9
2018	38.8	21.1	19.8

---

  ① 根据《中国统计年鉴》有关年份数据整理。

（二）混合所有制经济取得长足发展

在国有经济占主导地位的条件下发展混合所有制企业，不仅可以增加国有企业的经济实力，而且可以吸收非公有制企业的技术和经营管理经验，促进国有经济改革的深化。

改革以来，伴随社会主义市场经济的发展，以责任有限公司、股份有限公司等混合所有制企业为主要形式的混合所有制经济已有初步发展。自 1997 年党的十五大提出继续调整和完善所有制结构、发展混合所有制经济的任务以后[1]，这种经济又有进一步发展。党的十八大以来，在社会主义市场经济得到空前未有大发展的环境下，混合制经济的发展更是趋于顶峰。2018 年，国有企业和集体企业的资产在社会总资产中的占比分别下降到 5.2% 和 0.2%，私营企业和外资企业的占比分别为 17.5% 和 13.2%。责任有限公司和股份有限公司的占比分别高达 38.6% 和 25.3%。见表 4-2。

但需说明，这绝不意味着国有经济由此丧失了主导地位。问题的关键在于：大部分拥有巨额资本的有限责任公司和股份

---

[1]《中国共产党第十五次全国代表大会文件汇编》，人民出版社，1997，第 20—22 页。

表 4-2 2018 年各种所有制形式的资产占社会总资产中的比重[1]

单位：%

类别	国有企业	集体企业	私营企业	外资企业	有限责任公司	股份有限公司
占比	5.2	0.2	17.5	13.2	38.6	25.3

有限公司，都是由国有经济控股的。

2018 年以来，上述趋势还有再进一步的发展。

（三）对社会主义公有制经济的改革取得持续进步

在这方面，首先是占主导地位的国有经济的改革不到位，突出表现就是还没有实现从"国家管企业"到"国家管资本"的转变。在计划经济体制下，国家是直接管企业的。这样，国有企业就成为政府的附属物。只有实现从国家管企业到国家管资本的转变，国有企业才能真正成为独立的商品生产者，才能构成社会主义市场经济的微观基础。改革以来，已经在这方面采取了众多措施，促使由国家管企业到管资本的转变。但直到这一时期的起始阶段，这个过程还未完成。为此，政府继续通过加快国有企业公司化改革的进程，取得了显著的成效，到 21

---

① 根据《中国统计年鉴》2019 年相关数据整理。

世纪初这个过程已经完成。

在农业集体经济方面。改革初期实行了以"二权分置"（农业集体土地所有权与承包权分离）为特征的包产到户改革。这项措施不仅带动了整个农村的改革，而且大大促进了全国的改革。不过伴随农业生产力的发展，个体小规模农业经营已不适合农业规模化经营的需要，需要进一步启动以"三权分置"（农业土地集体所有权与承包权和使用权分离）为特征的改革。党的十八大以来，这方面的改革已取得重要进展。据估算，在21世纪初，实行"三权分置"改革的土地已经占到耕地总面积的1/2以上。这表明农业基本经营制度已得到进一步完善。

二、完善现代市场体系

在社会主义市场经济条件下，市场体系的建设对于改革开放和社会主义现代化建设都具有极重要的作用。

改革以来，在社会主义初级阶段基本路线的指引下，适应社会生产发展需要、包括产品和生产要素市场以及外贸等方面在内的市场体系已初步形成，主要表现在以下四方面。

（一）各类市场规模均进一步扩大

1.产品消费和服务消费市场

这里说的产品消费市场是指社会消费品销售市场。服务消费市场涵盖的范围很广，其中很多同时包括生产消费市场和生活消费市场两方面。这里以新兴的但又是纯粹的生活消费旅游业作为这方面的代表。

2011—2021 年，我国社会消费品零售额由 179803 亿元增长到 440823 亿元，按当年价格计算，年均增长 9.4%。而这一时期消费品年均价格指数仅为 2.4%（见表 4-3）。可见，这一时期即使扣除了价格增长因素，社会消费品实际销售规模也是大大增长了。

表 4-3　2011 年和 2021 年社会消费品零售总额和居民消费价格指数[①]

年份	居民消费品(按当年计算,亿元)	零售总额指数(按可比价格计算)	居民消费价格指数(按可比价计算)
2011	179803	100.0	100.0
2021	440823	245.0	122.6

这一时期国内旅游收入由 2011 年的 19305.4 亿元增长到 2021 年的 29190.7 亿元，增长了 51.2%。[②]这些数据表明：这

---

① 国家统计局编《中国统计摘要（2022)》，中国统计出版社，2022，第 8、47 页。

② 同上书，第 143—144 页。

一时期我国旅游市场也有了巨大的扩展。

2. 技术市场

2010—2021 年，技术市场成交额由 3907 亿元增长到37294 亿元，按当年价格计算，增长了 8.54 倍，年均增长22.7%。[①] 可见，这一时期技术市场有了飞速的发展。

3. 劳动力市场

劳动力包括城乡劳动力，但乡村劳动力有一部分是自给性的，不经过市场实现就业，故这里仅以城镇就业人数的增长说明劳动力市场的发展情况。

2011—2021 年，城镇就业人员由 36003 万人增长到 46773 万人，增长了 29.9%。这里还要着重提到：我国已建成世界上最大规模的高等教育体系，在学总人数达 4430 万人。高等教育毛入学率从 2012 年的 30%提高至 2021 年的 57.8%。高等教育进入普及化发展阶段，接受高等教育的人口达到 2.4 亿，新增劳动力平均受教育年限达到 13.8 年，劳动力素质结构发生了重大变化。

---

① 国家统计局编《中国统计摘要（2022）》，第 9 页。

4. 金融市场

金融业主要包括银行业、证券业和保险业。这里仅选择其中的主要指标来反映这一时期金融市场发展情况。

这一时期，银行业的存款余额和贷款余额分别由 2011 年的 826701 亿元增长到 2021 年的 2386062 亿元，由 581893 亿元增长到 1985108 亿元，分别增长 1.89 倍和 2.41 倍。[①]

在证券市场方面，2016—2021 年，股票成交金额由 1277680 亿元增长到 2579734 亿元，债券成交额由 2387096 亿元增长到 3790124 亿元，分别增长了 101.9% 和 58.8%。

在保险业方面，2011—2021 年，保费由 14339 亿元增长到 44900 亿元，赔款由 3929 亿元增长到 15609 亿元，分别增长了 2.13 倍和 2.97 倍。[②]

5. 房地产市场

2011—2021 年，商品房销售面积和销售额分别增长了 64.0% 和 2.11 倍（见表 4-4）。

---

① 国家统计局编《中国统计摘要（2022）》，第 8 页，见《经济参考报》2022 年 5 月 18 日相关报道资料。

② 国家统计局编《中国统计年鉴（2022）》，第 160、170、171 页。

表 4-4　2011 年和 2021 年商品房销售面积和销售额①

年份	销售面积 / 万平方米	销售额 / 亿元
2011	109366.75	58588.86
2021	179433	181929.9

6. 土地市场

改革以来，伴随城镇化发展，以及农村以"三权分置"为特征的改革逐渐深化，我国土地市场也有进一步发展。其中，仅在 2011—2016 年，土地出让合同价款就由 31500 亿元增长到 35600 亿元。②

表 4-5　2012—2021 年价格指数①

(以上年为 100)

年份	居民消费价格	指数商品价格指数
2012	102.6	102.0
2013	102.6	101.4

---

① 国家统计局编《中国统计年鉴（2022）》，中国统计出版社，2022，第 88 页。

② 出自国家工商局网相关资料，http://www.saic.gov.cn/，2017 年 1 月 19 日。

① 国家统计局编《中国统计摘要（2022）》，第 46 页。

（续表）

年份	居民消费价格	指数商品价格指数
2014	102.0	101.0
2015	101.4	100.1
2016	102.4	100.3
2017	101.6	101.1
2018	102.1	101.9
2019	102.9	102.0
2020	102.5	101.4
2021	100.9	101.6

（三）各类商品价格基本稳定

2012—2021 年，居民消费价格指数和商品零售价格指数，其年度之间的差额分别只有 0.5 个至 1.6 个百分点和 0.1 个至 0.9 个百分点（见表 4-5）。可见，市场价格的波动幅度很小。

（四）各类市场的质量均有提高

这里仅以消费品市场质量提高为例做具体分析。一是与我国人民生活水平提高相联系，恩格尔系数（居民食品消费支出占全部生活消费品支出的比重）在改革以来大幅下降的基础上，这一时期持续下降。在 2013—2019 年全国居民、城镇居民和农村居民的恩格尔系数分别由 31.2% 下降到 28.2%、由

30.1%下降到 27.6%、由 34.1%下降到 30.0%（见表 4-6）。与此同时，教育文化、娱乐和医疗保健类消费支出则有了明显上升。由此可见，消费市场质量上升明显。

表 4-6 2013—2019 年的恩格尔系数[①]

（以消费总额为 100）

单位：%

年份	全国居民	城镇居民	农村居民
2013	31.2	30.1	34.1
2014	31.0	30.0	33.6
2015	30.6	29.7	33.0
2016	30.1	29.3	32.3
2017	29.3	28.6	31.2
2018	38.4	27.7	30.1
2019	28.2	27.6	30.0

二是与工业化和现代化发展相联系，我国高端消费品市场的增长尤为突出。例如新能源汽车的销售量，由 2012 年的 1.3 万辆增长到 2019 年 120.6 万辆，增长了 91.77 倍（见表 4-7）。

---

① 中国经济年鉴编辑委员会编《中国经济年鉴（2021）》，中国经济年鉴社，2021，第 207 页。

表 4-7　2012—2019 年新能源汽车销售量①

单位：万辆

年份	销售量
2012	1.3
2013	1.8
2014	7.5
2015	33.1
2016	50.1
2017	77.7
2018	125.6
2019	120.6

三是作为我国居民生活重要组成部分的文化产品销售量增长也很显眼。到 2020 年，我国限额以上文化企业的营业收入达到 16453.5 亿元。②

四是作为消费市场重要组成部分的服务消费的增长也达到很大规模。到 2020 年，这方面的营业收入已上升至 48874

---

① 中国经济年鉴编辑委员会编《中国经济年鉴（2021）》，第 209 页。

② 国家统计局编《中国统计年鉴（2021）》，中国统计出版社，2021，第 772 页。

亿元。①

五是与贯彻执行全面振兴乡村战略相联系，城乡消费品销售之间的差距趋于缩小。例如，2019 年乡村社会消费品总额占全国的比重比 2018 年提高了 0.2 个百分点，比 2011 年提高了 1.3 个百分点，实现了 8 年的持续上升。②

六是与电子科技的广泛应用相联系，社会消费品销售出现了新的业态，即网上购物。2012—2019 年，我国实物商品网上零售额由 1.3 亿元增长到 8.5 亿元，增长了 5.54 倍（见表 4-8）。2019 年实物网上零售额占社会消费品零售总额的比重达

表 4-8　2012—2019 年实物商品网上零售额的增长
（按当年价格计算）　　　　　　单位：万亿元

年份	销售额
2012	1.3
2013	1.8
2014	2.8
2015	3.9
2016	5.2

① 国家统计局编《中国统计年鉴（2021）》，第 773 页。
② 国家统计局编《中国统计年鉴（2021）》，第 205 页。

（续表）

年份	销售额
2017	5.5
2018	7.0
2019	8.5

到了 20.7%，增长贡献率达到了49.1%。在实物商品网上零售额中，吃、穿、用三类商品分别占比 30.9%、15.4%和 19.8%。这表明网上零售已经成为群众消费的主渠道之一。[①]

七是与生态文明建设发展相联系，绿色消费已成为社会消费品销售市场的一个重要特征。到 2019 年底，全国创建了 157 家绿色商场，其销售额比 2018 年增长 10%以上，万元营业额用水量和用电量平均下降了近 20%。[②]

这里还要提到，2022 年 5 月，《中共中央国务院关于加快建设全国统一大市场的意见》出台，对培育发展全国统一的生态环境市场做出部署，提出依托公共资源交易平台，建设全国统一的碳排放权、用水权交易市场，实行统一规范的行业标

---

① 中国经济年鉴编辑委员会编《中国经济年鉴（2021）》，第 211—213 页。

② 中国经济年鉴编辑委员会编《中国经济年鉴（2021）》，第 219 页。

准、交易监管机制，推进排污权、用能权市场化交易等。[①]这项重要措施必将促进包括绿色消费在内的绿色经济的发展。

上述四方面情况表明：党的十八大以来，我国市场体系得到了进一步完善。

三、完善宏观调控体系

总的说来，党的十八大以来，政府在宏观经济调控中始终秉承创新、协调、绿色、开放、共享的发展理念，使我国的宏观调控体系不断趋于完善，出现了一系列革命性的变化。这里只列举其中两个突出方面。

（一）坚持稳中求进的总基调，使我国经济获得了前所未有的稳定发展，并走上高质量发展的道路

改革以前我国实行计划经济体制。在这种体制下，无论是中央政府，还是地方政府，都有投资膨胀的倾向。再加上长期推行高速度发展战略，多次引发强烈的经济周期波动。其中尤以 1958 年开始的"大跃进"最为突出。已见前述。

改革以来，基于对上述教训的科学总结，政府发展经济的战略就由以速度为中心转移到以经济效益为中心的正确轨道上

---

① 见《经济参考报》2022 年 5 月 19 日相关报道资料。

来。1981 年五届全国人大四次会议提出："要切实改变长期以来在'左'的思想指导下的一套老的做法，真正从我国实际情况出发，走出一条速度比较实在、经济效益比较好、人民可以得到更多实惠的新路子。"①1982 年党的十二大强调：1981—1985 年的"六五"计划，要把全部经济工作转到以提高经济效益为中心的轨道上来。②

在这个战略思想指导下，我国经济趋于平稳发展。表 3-16 的数据表明：在 1978—2011 年期间，我国经济并未出现超强波周期，只发生了 1 次强波周期、2 次中波周期，还第一次出现了轻波周期。

值得着重提出：党的十八大以来，在新中国成立以后的经济发展过程中，还破天荒地第一次出现了微波周期。这并不是偶然发生的现象，而是多种因素造就的，这可以看作是我国宏观经济调控切实趋于完善的集中表现。

中国特色社会主义新时代，进一步根本改变了新中国成立

①中国经济年鉴编辑委员会编《中国经济年鉴（1982）》，第二部分，中国经济年鉴社，1983，第 8—9 页。

②《中国共产党第十二次全国代表大会文件汇编》，人民出版社，1982，第 18 页。

以来多年实行的盲目追求经济增长高速的战略，而是依据经济规律的要求，科学地确定每年的宏观经济增长目标。

这里所说的经济规律，从直接意义上说，就是注重社会经济发展一定阶段上的潜在经济增长率。这种增长率就是这个发展阶段上各生产要素潜能能够得到充分发挥进而达到的经济增长率。

潜在经济增长率和现实经济增长率的关系，类似于马克思主义经济学所揭示的商品价值和商品价格的关系。从经济发展的长期趋势看，价格必须围绕价值这个中心在一定幅度内上下波动。如果这个幅度过高，那么，价值规律必然迫使价格下降；如果这个幅度过低，这个规律又会迫使价格回升。这是一个不以人们意志为转移的客观规律。

潜在经济增长率与现实经济增长率的关系，大体上也是这样。如果现实经济增长率远远超出潜在经济增长率，那么，由于客观存在的供给能力不足，就会迫使现实经济增长率下降；反之，如果现实经济增长率远远低于潜在经济增长率，就会导致供给能力过剩，同时现实的合理需求也得不充分满足，就会迫使现实经济增长率提高，向潜在经济增长率回归。

党的十八大以来，在确定年度经济增长目标时，在改革以来这方面已经取得巨大成就的基础上，更切实地遵循了这个客观规律的要求，从而进一步实现了经济的稳定增长。

就党和政府的文件看，在确定宏观经济调控目标方面，2012年第一次提出了"坚持稳中求进"[①]的总基调，并且在尔后几年一直坚持这个方针。

按照笔者的体会，这里所说的"稳"，最重要的就是在确定年度经济增长的预期目标时，严格遵循现实经济增长率符合潜在经济增长率这一客观规律的要求。

实际情况也是如此。表4-9的数据表明：在2012—2019年期间，每年预期的经济增长率是在6%—7.5%之间波动的，每年实际的经济增长率是在6.0%—7.9%之间波动的。

表4-9　2012—2019年经济增长指数[②]

(以上年为100)

年份	预期指数	实际指数
2012	107.5	107.9
2013	107.5	107.8

① 《政府工作报告（2012）》，人民出版社，2012，第12—13页。
② 《政府工作报告》2012—2019年各年度相关数据；国家统计局编《中国统计摘要（2021）》，第26页。

（续表）

年份	预期指数	实际指数
2014	107.5	107.4
2015	107.0	107.0
2016	106.5—7.0	106.8
2017	106.5	106.9
2018	106.5	106.7
2019	106.0—6.5	106.0

按照列宁的说法，客观规律具有稳定性、普遍性和长期性特征。据此，可将 2012—2019 年实际经济增长率的年均数视为这一时期的潜在经济增长率，即为 6.9%。

这样，这一时期预期的每年经济增长率与潜在经济增长率的差距只在 0.0% 至 0.5% 之间波动。这就意味着这一时期确定的预期每年经济增长率大体上是符合潜在经济增长率这一客观规律要求的，这一点正是这一时期经济稳定增长的最主要因素。

这里还需说明两点：第一，2020—2022 年我国经济发展受到新冠肺炎疫情的巨大冲击，正常周期受到了严重破坏，在这里论述经济增长率和经济周期的变化时将这种非正常情况予以略去。第二，这一时期我国经济尽管蒙受了巨大损失，但发展韧性强、潜力大、回旋余地宽，长期向好的基本面并没有改变。2020 年是我国经济遭到疫情破坏最严重的一年，但经济增速仍然达到了 2.2%，2021 年又迅速提高到 8.1%，两年平均增长 5.2%。2022 年第一季度经济增速也达到了 4.8%，2022 年的 5.5% 的预期增长目标大体可以实现。[①] 在世界经济体量大的国家中只有我国做到了这一点。

（二）坚持万众创业、大众创新的方针，配合实行"放管服"改革，调动了群众创业、创新的积极性

这一时期，万众创业、大众创新的方针进一步调动了亿万群众创业、创新的积极性；"放管服"的持续改革又为这种创业、创新提供了越来越宽松的社会经济环境、越来越大的空间。近年来，政府又采取多项举措，促进"专精特新"中小企业走上高质量发展的道路。这样，中小企业开始飞速发展，并且在我国经济发展中起着越来越重要的作用。据统计，2019 年我国 99.8% 的企业是中小企业，贡献了 60% 以上的国内生产总值、70% 以上的创新成果、80% 以上的就业和 50% 以上的税

---

① 见新华网 2022 年 4 月 19 日相关报道。

收。[①]另据统计，到 2022 年 4 月底，我国市场主体已经回升至 1.58 亿户，其中个体工商户达到 1 亿户。[②]实践表明：这一点不仅在稳就业方面同时也在稳经济增长方面起到了极为重要的作用。

四、完善开放型经济体系

如前所述，改革以来我国在对外开放方面已经取得了巨大成就，总体说来，就是开放型经济体系已经形成。但在这方面仍有很大的发展空间，还需进一步发展和完善。这也是适应社会生产力发展要求、建立新时代中国特色社会主义经济制度的一个重要方面。

这种发展空间主要表现在两个方面：一方面，就我国本身来说，拥有巨大的市场和丰富的资源，这正是世界各国发展经济所必需的；另一方面，就世界整体层面来说，市场更是巨大的，资源也是更丰富的。这些又正是我国发展经济不可缺少的。

---

① 见《经济参考报》2022 年 1 月 4 日相关报道。

② 见中央电视台新闻联播 2022 年 5 月 2 日相关报道；见新华网 2022 年 5 月 9 日相关报道。

诚然，2020 年以来，世界各国都在不同程度上遭受了前所未有的新冠肺炎疫情对经济发展的重大冲击。不过实践已经表明，我国经济发展的韧性强，仍然实现了持续增长，长期向好的基本面并没有改变。就世界各国的情况来看，有少数国家（主要是少数经济发达国家）已经面临着经济衰退的局面，甚至已经发生了衰退。当然从经济长期发展的趋势看，这也是短期现象。伴随疫情的消失，特别是现代科学技术的发展，各国经济都趋于重新向前发展。这个经济的大趋势没有也不可能改变。

这就意味着从长期的发展趋势看，我国进一步实行对外开放、充分利用两种市场两种资源的空间是越来越大的。

事实上，党的十八大以来，在习近平新时代中国特色社会主义思想指导下，我国对外开放又迈出了更为强劲的步伐，取得了重要成就。

（一）实物型对外开放

1. 对外贸易总量增长及结构优化

2012—2021 年，我国货物进出口总额、出口额和进口额三者分别由 36467.6 亿美元增长到 60514.9 亿美元、由 18983.8 亿美元增长到 33639.6 亿美元、由 17483.8 亿美元增长到 26875.3

亿美元，分别增长了 65.9%、77.2% 和 53.7%。[①]

伴随我国工业化和现代化的发展，货物进出口结构也趋于优化。其突出表现是：在货物出口和进口中，初级产品的占比持续下降，工业制品的占比持续上升。2011—2018 年，前者在出口和进口中的占比分别由 5.3% 下降到 0，由 34.7% 下降到 32.8%；后者的占比分别由 94.3% 上升到 94.6%，由 65.3% 上升到 67.1%。[②]

2. 利用外资和对外投资的发展

2011—2021 年，我国实际利用外资由 1177.0 亿美元增长到 1734.8 亿美元，其中外商直接投资由 1160.1 亿美元增长到 1734.8 亿美元，二者分别增长了 47.4% 和 49.5%。首次居世界第一位。

这一时期，我国对外直接投资由 746.5 亿美元增长到 1537.17 亿美元，增长了 1.06 倍。

3. 对外经济合作的发展

2011—2021 年，我国对外承包工程完成营业额由 1034.24

① 国家统计局编《中国统计摘要（2022）》，第 92 页。

② 国家统计局贸易外经统计司编《中国贸易外经统计年鉴（2019）》，第 565 页。

亿美元增长到 1549.4 亿美元，增长了 49.8%。

4.国际旅游的发展

2011—2019 年我国国际旅游收入由 484.64 亿美元增长到 1312.54 亿美元，增长了 1.71 倍。

（二）制度型对外开放

1.国内区域

改革以来，伴随实物型对外开放的发展，制度型对外开放也取得了重要进展。20 世纪 70 年代末到 90 年代初，我国就已形成了经济特区—沿海开放城市—沿海经济开放区—内陆开放城市这样一个包含不同开放层次、具有不同开放功能的梯度推进开放格局，并在发挥改革"试验田"功能方面起到了重要作用。

党的十八大以来，在这方面迈出了更大的步伐。其突出表现是：2013—2020 年，我国自由贸易试验区已经覆盖到了 21 个省份。其中，海南省从 2020 年开始进行自由贸易港建设，预计到 2025 年初步建成。自由贸易港是当代世界最高水平的对外开放。

自由贸易试验区的建设也大大促进了实物型对外开放发

展。据统计，单是 2020 年前 7 个月，18 个试验区新建外资企业 3300 多家，实际利用外资 900 亿元以上，货物进出口额达到 2.7 万亿元。这 18 个自由贸易试验区面积加在一起不到全国的4‰，但实际利用外资却占到了全国的 16.8%，货物进出口额占到了全国的 13.5%。①

这些情况表明：党的十八大以来，我国国内区域开放迈上了新台阶。

2. 国际区域

党的十八大以来，我国在国际区域合作方面也取得了历史性的巨大成就，书写了新的篇章。其重要内容有以下六方面：

第一，当首推习近平总书记在 2013 年提出并实施的"一带一路"倡议。"一带一路"倡议，无论是对我国扩大开放，还是对促进世界经济的发展都具有重要意义。需要着重指出，"一带一路"倡议，是习近平总书记提出的构建人类命运共同体伟大构想在实践中的重要体现。

仅就扩大我国对外开放的作用来说，2018 年我国企业对于"一带一路"沿线 52 个国家新增投资合计 36.1 亿美元，占同期

_____

① 见《中国经济时报》2020 年 9 月 8 日相关报道。

对外投资总额的 14.2%；对外承包工程完成营业额 187.6 亿美元，占同期总额的 54.1%。到 2019 年，累计与沿线的 138 个国家和 30 个国际组织签署了 200 份共建"一带一路"的合作文件。[1]

第二，2020 年 12 月 30 日，中欧投资协定谈判如期完成。这标志着双方双向投资将进一步发展到拓宽度、谋深度的新阶段。中欧经济总量占世界经济总量的 1/3。[2] 显然，这个协定在促进世界双向投资方面将起到举足轻重的作用。

第三，2020 年 10 月 15 日，历时 8 年 31 轮谈判的《区域全面经济伙伴关系协定》正式签署。参与这个协定的共有 15 个国家，包括东盟十国和中国、日本、韩国、澳大利亚、新西兰，出口总量达 5.2 万亿美元，占全球总量的 30%。这个协定将大大促进构建开放的世界经济体系。[3]

第四，2016 年 1 月 16 日，由习近平总书记提议筹建的亚洲基础设施投资银行正式开业。该行创始的成员国有 57 个，到 2020 年发展到包括亚洲、欧洲、非洲、北美洲、南美洲和

---

[1] 见新华网 2020 年 12 月 31 日相关报道。

[2] 见《中国经济时报》2020 年 11 月 18 日相关报道。

[3] 见《人民网》2020 年 5 月 22 日相关报道。

大洋洲六大洲在内的 100 多个国家。这一时期，该银行成员国提供的基本建设投资已经达到近 200 亿美元，有力地促进了成员国的基本建设和国际经济合作。①

第五，2019 年 7 月 7 日，中国—非洲自由贸易区建立。当前，中国已成为非洲的第一大贸易伙伴，对非洲投资已经涉及 50 多个国家，进一步拓展了中国—非洲自由贸易区的新局面。②

第六，2016 年 3 月，由澜沧江湄公河沿岸的中国、柬埔寨、泰国、老挝、缅甸和越南六国共创建的澜湄合作机制正式建立。实践证明：澜湄合作已经成为参与国提高水资源利用效率、促进经济发展的重要因素。

如前所述，改革以来，我国就逐步形成了参与多个国际区域经济合作组织的机制（见本书第三章第二节）。党的十八大以来，这种机制得到了进一步发展。这里只拟提及其中的三个：

第一，2020 年，中国—东盟自由贸易区已建立 10 年，进入经贸合作黄金期，其明显标志是东盟已经成为中国第一大贸

---

① 见《新华网》2020 年 7 月 28 日相关报道。
② 见《中国社会科学报》2020 年 12 月 2 日相关报道。

易伙伴。①

第二，2020年上海合作组织迎来建立20周年华诞。在这一时期还形成和发展了以"四个共同体"（卫生健康共同体、安全共同体、发展共同体和人文共同体）为主要内容的"上海精神"。上海合作组织已成为当代国际关系中最有影响力的国际区域经济合作组织。②

第三，2017年，金砖国家合作机制已建立11年，在这一时期，金砖国家携手同行、谋求共同发展，在推进互利合作等方面取得了丰硕成果，并开启了第二个"金色十年"。③

概括起来说，从2013—2020年，我国与168个国家和国际组织签署了合作文件，还与25个国家和地区签署了自由贸易协定。④

可见，这一时期我国实物型对外开放持续处于世界领先地位，牢牢占稳世界高地。制度型对外开放，对内已遍及全国各

---

① 见《中国经济时报》2020年9月23日相关报道。
② 见《中国社会科学报》2020年11月9日相关报道。
③ 见《新华网》2020年11月12日相关报道。
④ 见《经济参考报》2021年1月4日相关报道。

地区，并得到了蓬勃发展；对外，则在世界各大洲的国际经济合作组织中得到了普遍发展。这同时意味着：这一时期我国对外开放型经济体系进一步得到完善，高水平的开放型经济已经建立。

上述情况表明：无论是实物型对外开放，还是制度型对外开放，都是适应我国经济发展要求的，成为促进我国社会生产力发展的极为重要的因素。

当然，通过总结上述建立新时代中国特色社会主义经济制度的实践，还可以清楚看到促进我国生产力发展的最根本因素，主要体现在以下四方面：

第一，作为各种生产要素总和价值表现形态的固定资产投资总额持续大幅增长。2011—2021 年，全社会固定资产投资由238782 亿元增长到 552884 亿元，按当年价格计算，增长了131.5%。[1]

第二，在生产要素增长的基础上，经济效益也有明显提高，这明显反映在社会劳动生产率的提高上。

---

① 国家统计局编《中国统计摘要（2021）》，第 80 页。

表 4-10　2011—2020 年社会劳动生产率的提高情况[1]

年份	国内生产总值 （不变价，亿元）	就业人员 /万人	每个就业人员提供的 国内生产总值（万元/人）
2011	451480.1	76196	59252.4
2020	911205.3	75064	121390.5

　　表 4-10 的数据表明：2020 年每个就业人员提供的国内生产总值比 2011 年提高了 1.05 倍。这表明：这一时期社会劳动生产率平均每年提高 3.7%。这个增速比 1978—2011 年是大幅下降了。这主要是一些客观因素导致的，包括：①计算基数大幅上升。前述的数据表明：2011—2020 年的计算基数在1978—2011 年的基础上增长了 66.02 倍。②总的说来，第三产业劳动力的生产率较低。不过这一时期，第三产业在国内生产总值中的占比仍旧大幅上升。

　　当然，这一时期社会劳动生产率毕竟是显著提高了。如果放在历史的长河中看，近 10 年社会劳动生产率年均增速能够达到 3.7%，也是很高的。其主要的推动因素在于：

　　①作为生产力的科学技术及其发展在社会生产不同领域中

---

[1] 国家统计局编《中国统计年鉴（2021）》，第 85、120 页。

的促进作用大大增长。表 4-11 的数据表明：在 2000—2021 年期间，研究与试验发展经费由 896.0 亿元增长到 27864 亿元，增长了 30.1 倍，在国内生产总值中的占比由 0.89% 上升到 2.44%。

表 4-11　2000 年和 2021 年科学技术发展情况①

年份	类别	具体指标及单位	数值
2000	研发与试验发展	经费支出/亿元	896
		在国内生产总值中的占比/%	0.89
		增长指数	100
	发明专利	申请授权数/件	12683
		增长指数	100
	技术市场	成交额/亿元	651
		增长指数	100
2021	研发与试验发展	经费支出/亿元	27864
		在国内生产总值中的占比/%	2.44
		增长指数	310982
	发明专利	申请授权数/件	696000
		增长指数	5487.7
	技术市场	成交额/亿元	37294
		增长指数	5728.7

① 国家统计局编《中国统计摘要（2022）》，第 177 页。

有两项数据可成为这一时期科学技术发展的重要指标。一是发明专利申请授权数由 12683 件增长到 696000 件，增长了 54.9 倍；二是技术市场成交额由 651 亿元增长到 37294 亿元，增长了 56.3 倍（见表 4-11）。

2021 年，科技投入及其作用又有进一步提升。2021 年，中国全社会研发投入达到 2.79 万亿元人民币，同比增长 14.2%，研发投入强度（研发投入占国内生产总值的比重）达到 2.44%。国家创新能力的综合排名上升至世界第 12 位，成功实现"十四五"良好开局。为加强企业技术创新主体地位，相关部门引导企业加大研发投入，在项目形成、项目投入、项目组织、项目评价方面，进一步加强企业的参与度、话语权。在 2021 年国家重点研发计划立项的 860 余项中，企业牵头或参与的有 680 余项，占比高达 79%。

国家高新区已成为科技聚集地、创新的孵化器，是培育发展高新技术企业和产业的重要载体。国家高新区以 0.1% 的国土面积创造了全国 13% 的 GDP，已经成为创新驱动发展示范区和高质量发展先行区。初步核算，2021 年全国 169 家国家级高新区预计全年营业收入超过 48 万亿元，同比增长 12% 左右；

利润总额达 4.2 万亿元，同比增长 17% 左右。①

②作为最重要生产要素的劳动者积极性空前高涨。决定这一点的是居民收入和消费支出的迅速提高。在 2011—2021 年期间，全国居民人均收入由 14551 元增长到 35128 元，增长了 141.4%，年均增长 9.2%；全国居民人均消费支出由 10820 元增长到 24100.1 元，增长了 122.7%，年均增长 8.3%（见表 4-12）。

表 4-12　2011 年和 2021 年全国居民人均收入水平和消费水平②

年份	全国居民人均收入 / 元	全国居民人均消费 / 元
2011	14551.0	10820.0
2021	35128.0	24100.1

在论及全国居民消费水平提高时，还必须着重提及这一时期完成了脱贫攻坚这一具有世界意义的伟大事件。

党的十八大以来，党提出了到 2020 年实现现行标准下农村贫困人口全部脱贫这一宏伟而又艰巨的任务。经过艰苦努力，已经圆满完成。到 2020 年底，现行标准下 9899 万农村贫

① 见《经济参考报》2022 年 2 月 28 日相关报道。
② 国家统计局编《中国统计年鉴（2022）》，第 55—56 页。

困人口全部脱贫，832 个贫困县摘帽、12.8 万个贫困村全部出列。农村贫困人口人均可支配收入由 2013 年的 6079 元增长到 2020 年的 12588 元，年均增速达到 10.6%，高于同期全国农村人口的 2.3%（见表 4-13）。这样，就实现了消除农村绝对贫困的任务。但要实现消除农村相对贫困的任务，还有待于社会主义现代化建设的实现。

表 4-13　2012—2020 年以来农村贫困人口的变化①

年份	贫困人口 /万人	贫困县贫困地区 /个	农村居民人均可支配收入 /元
2012	9899	832	—
2013	8249	832	6079
2014	7017	8326852	
2015	5575	8327653	
2016	4335804	8452	
2017	3046	6799377	
2018	1660	39610371	
2019	551	52	11567
2020	0	0	12588

① 见国务院新闻办公室：《人类减贫的中国实践》（白皮书），2022 年 4 月 6 日。

　　这里还要提到实现农村贫困人口脱贫对促进我国经济发展的作用：一是贫困人口收入水平的提高可以增加市场的需求。二是在脱贫人口中有数以千万计的人口是通过易地搬迁实现的。搬迁前，由于当地自然条件的限制，每个劳动力每年创造的收入很有限。但在搬迁后，由于自然环境好，每个劳动力创造的收入可成倍增长，当前我国学界流行的观点在论及脱贫意义时往往忽视这一点。

　　③劳动者的文化技术水平也有显著提高。中等职业教育以上的发展直接促成了这一点。在基数大大增加的情况下，2011—2021 年，普通本专科和研究生的毕业人数仍然分别增长了 36% 和 79%；学成回国留学人员增加了 2.13 倍（见表 4-14）。

表 4-14　2011 年和 2021 年高等教育的毕业人数①

年份	普通本专科/万人	研究生学/万人	学成回国留学人员/人
2011	608.2	43.0	272900.0
2021	826.5	77.3	580300.0

---

　　① 国家统计局编《中国统计年鉴（2021）》，第 691 页；国家统计局编《中国统计摘要（2021）》，第 182 页。其中，学成回国留学人员为 2011—2020 年的数据。

第三，产业部门结构的优化和升级。这一点，明显表现在以下三个方面。一是近代和现代世界史表明：相对于第二产业特别是第一产业来说，科技因素含量高的第三产业产值在国内生产总值中的占比上升，是工业化和现代化发展程度提高的一个重要标志。2011—2021年，我国第一二产业产值在国内生产总值的占比依次分别下降了1.9个百分点和7.1个百分点，第三产业产值的占比则上升了9个百分点（见表4-15）。

表4-15　2011年和2021年三大产业产值在国内生产总值中的比重[②]

单位：%

年份	第一产业	第二产业	第三产业
2011	9.2	46.5	44.3
2021	7.3	39.4	53.3

二是就产业内部来说，高技术产业占比上升。在2016—2021年间，高技术制造业增加值占规模以上工业增加值的比重提高了3.1个百分点（见表4-16）。

三是数字经济成为最先进的经济形态。改革以来，特别是党的十八大以来，我国的数字经济得到了蓬勃发展，由2005

---

① 国家统计局编《中国统计摘要（2022）》，第25页。

表 4-16　2016—2021 年高新技术制造业
占规模以上工业增加值的比重①

单位：%

年份	占比
2016	12.4
2017	12.7
2018	13.9
2019	14.4
2020	15.1
2021	15.5

年的 2.6 万亿元增长至 2020 年的 39.2 万亿元，GDP 占比由 14.2% 提升至 38.68%，位居世界第二。从增速看，我国数字经济同比增长 9.6%，位居全球第一，远远超过全球数字经济增速的 3.01%。

上述情况表明：创新是我国产业结构优化升级的最重要因素。按照世界知识产权组织发布的全球创新指数排名，我国已从 2012 年的第 34 位上升至 2021 年的第 12 位。我国科技事业

---

① 数据出自《2022 年度地方国资国企改革分析报告》，国新网。

发生了历史性、整体性、全局性的变化，成功进入创新型国家行列，走出了一条从人才强、科技强到产业强、经济强、国家强的创新发展新路径。①

第四，经济的持续稳定增长。如前所述，这一时期在新中国成立以后第一次实现了微波周期。

正是由于上述各种因素的作用。2012—2022 年期间，我国经济尽管受到了新冠肺炎疫情的严重冲击，但年均增速仍然达到了 6.7%。②

最后，概括起来说，实现从建立中国特色社会主义经济制度到建立新时代中国特色社会主义经济制度的转变，就是新中国成立后第四次经济变革的全部含义。

为了说明这个内涵，还需要就其中的根本性问题做些具体分析：

第一，就完善基本经济制度来说，国有经济实现由国家管企业到国家管资本的转变，以及农业集体经营制度实现"二权分置"到"三权分置"的转变，都不是具体措施，而是建立社

---

① 见《经济参考报》2022 年 6 月 7 日相关报道。
② 国家统计局编《中国统计年鉴（2021）》，第 86 页；见新华网 2022 年 4 月 19 日相关报道。

会主义经济制度的决定性安排。不这样做，中国的社会主义市场经济制度就不可能最终确立。

第二，就完善市场体系来说，这一时期建立了社会主义市场经济所必需的完整的现代市场体系，并在提高市场质量方面实现了跨越式发展，还在新中国成立后第一次实现了长达十年的市场价格基本稳定。

第三，就完善宏观经济体系来说，在新中国成立后第一次实现了经济的稳定发展，其集中表现是第一次实现了微波周期；第一次实现了建成全面小康社会和现行标准下农村贫困人口的全部脱贫；第一次提出了"绿水青山就是金山银山"的先进理念，并在全国范围内付诸实践，实现了发展绿色经济的历史性跨越。

第四，就完善开放型经济体系来说，这个任务已经完成。特别是第一次提出了构建人类命运共同体这一伟大的先进理念，并在"一带一路"的建设实践中取得了重要成就。

所以，从建立中国特色社会主义经济制度到建立新时代中国特色社会主义经济制度，是新中国成立后的第四次变革。这绝不是言之无物的空洞说教，而是实实在在的客观现实的反映。

第三节 彰显了习近平新时代
中国特色社会主义理论的
伟大胜利

前已述及，毛泽东依据唯物论认识论指出："马克思列宁主义之所以被称为真理，也不但在于马克思、恩格斯、列宁、斯大林等人科学地构成这些学说的时候，而且在于为尔后革命的阶级斗争和民族斗争的实践所证实的时候。"①

显然，这个论述对于习近平总书记创立的新时代中国社会主义理论也是完全适用的。

历史表明：党的十八大以来，中国特色社会主义步入了新时代。为适应这个时代的要求，习近平总书记在邓小平创立并

---

① 毛泽东：《毛泽东选集》，第 1 卷，人民出版社，1991，第 291—293 页。

由江泽民和胡锦涛所发展的中国特色社会主义理论基础上，创立了新时代中国特色社会主义理论，实现了划时代的发展。

前述的建立新时代中国特色社会主义经济制度的实践，尽管还只是限于建立经济制度这一方面，但也充分证明：习近平新时代中国特色社会主义思想是客观真理。这个实践彰显了这个思想的伟大胜利。这是从整体上说的。为了进一步说明这一点，这里再就其中五个基本观点的科学性做进一步分析：

第一，习近平总书记在马克思主义经济思想发展史上第一次把市场调节的基础作用提高到决定性作用。[①]这不仅是理论上的重大创新，而且具有很强的实践性。这个提法是针对改革以来市场调节在我国经济发展中迟迟没有充分发挥作用而提出的。正是在这个思想指导下，党的十八届三中全会提出："紧紧围绕使市场在资源配置中起决定性作用深化经济体制改革，坚持和完善基本经济制度，加快完善现代市场体系、宏观调控体系、开放型经济体系……"[②]

本书第四章已分别就这四方面改革成就做了详细分析，充

---

① 《中国共产党第十九次全国代表大会文件汇编》，第 17 页。

② 《中共中央关于全面深化改革若干重大问题的决定》，第 3—4 页。

分说明了习近平总书记这个理论观点是完全正确的。

第二，习近平总书记在马克思主义中国化发展史上第一次提出新时代中国特色社会主义社会主要矛盾的转化。这是一个对中国特色社会主义事业胜利发展具有决定意义的命题。

习近平总书记指出："中国特色社会主义进入新时代，我国社会主要矛盾已经转化为人民日益增长的美好生活需要和不平衡不充分的发展之间的矛盾。"这"是关系全局的历史性变化，对党和国家工作提出了许多新要求"。

同时指出："全党要牢牢把握社会主义初级阶段这个基本国情，牢牢立足社会主义初级阶段这个最大实际，牢牢坚持党的基本路线这个党和国家的生命线、人民的幸福线。"[①]

这里需要着重指出，这个主要矛盾是推动第四次经济变革的根本动力，促进了第四次经济变革的成功实现。

第三，习近平总书记依据历史唯物主义基本原理，创造性提出"坚持以人民为中心"的思想，"强调发展为了人民，发展依靠人民，发展成果由人民共享"。[②]

---

① 《中国共产党第十九次全国代表大会文件汇编》，第 9—10 页。

② 《中国共产党第十九次全国代表大会文件汇编》，第 17、70 页。

　　仅就实现"发展成果由人民共享"来说，需要着重指出其中一个具有国际意义的重大事件，即我国在 2020 年实现了现行标准下贫困人口全部脱贫，比联合国规定的国际社会应在 2030 年实现全部脱贫提早了 10 年，在当代发展中国家，只有中国率先做到了这一点。

　　第四，习近平总书记在马克思主义发展史上第一次提出了具有生动鲜明特色的"绿水青山就是金山银山"的理念，深刻揭示了"人与自然是生命共同体"[①]的这一科学真理。这个理念不仅成为中国宏观经济调控的一个重要指导思想，而且已经深入人心，成为全国人民的自觉行动，并正在全国展现出来。

　　第五，习近平总书记在马克思主义发展史上第一次提出"构建人类命运共同体"的理念。[②]正是在这个全新理念的指导下，我国"全面开放新格局"已经形成，开辟了对外开放的一个新时代。

　　这一理念更伟大的意义还在于：它是巩固和强化和平与发

---

　　①《中国共产党第十九次全国代表大会文件汇编》，第 40—42 页；《习近平新时代中国特色社会主义思想学习纲要》，第 169—171 页。

　　②《中国共产党第十九次全国代表大会文件汇编》，第 16、28 页。

展这一时代主题的制度安排和最重要因素，并向广大发展中国家展现了中国的特色发展道路，还有可能成为开辟实现世界大同的全新途径。当然，这一人类共同伟大理想的实现，其经历时间可能需要几百年甚至上千年的时间。①

上述事实充分证明：新时代中国特色社会主义经济制度的建立，彰显了习近平新时代中国特色社会主义思想的伟大胜利。

---

① 见拙文《略论构建人类命运共同体—学习党的十九大报告体会》，《中国浦东干部学院学报》2018 年第 1 期。

结 论

为了揭示上述四次经济变革的伟大意义，这里主要依据前述内容做出以下结论：

第一，半殖民地半封建中国，由于长期受到帝国主义、封建主义和官僚资本主义的压榨，陷入备受欺凌、积弱积贫的悲惨境地。

新中国成立后，以毛泽东、邓小平和习近平为主要代表的中国共产党人，依据马克思主义普遍真理与中国具体实际相结合的原则，领导中国人民连续进行了四次经济变革，"使久经磨难的中华民族迎来了从站起来、富起来到强起来的伟大飞跃"①，多年以经济总量位居世界第二的社会主义大国的雄伟姿态，屹立在世界东方。

---

① 《中国共产党第十九次全国代表大会文件汇编》，第8页。

这种伟大变革在当代世界是独一无二的，是毛泽东思想、邓小平理论、习近平新时代中国特色社会主义思想的伟大胜利，是继列宁实现马克思主义第一次划时代发展之后的划时代发展。

第二，经过四次经济变革，中国人民不仅在政治、社会、经济地位方面发生了根本变化，而且在物质文化生活方面也实现了历史性的跨越，迈上了新台阶。中国在 2020 年实现了预定的全面建设小康社会的目标，全部人口都摆脱了贫困，达到了小康生活，人民的幸福感获得感达到了前所未有的高度。这同旧中国那种食不果腹、衣不保暖的悲惨生活相比，真是新旧社会两重天！

中国"从 2020 年到 2035 年，在全面建设小康社会的基础上，再奋斗 15 年，基本实现社会主义现代化"，"从 2035 年到本世纪中叶，在基本实现现代化的基础上，再奋斗 15 年，把我国建成富强民主和谐美丽的社会主义现代化强国。到那时，我国物质文明、政治文明、精神文明、社会文明、生态文明将全面提升，实现国家治理体系和治理能力现代化，成为综合国力和国际影响力领先的国家，全体人民共同富裕基本实现，我国人民将享有更加幸福安康的生活，中华民族将以更加昂扬的姿态屹立于世界民族之林"。①

可以预见，在习近平新时代中国特色社会主义思想的指引下，经过全党和全国人民的艰苦努力，党的十九大提出的这个宏伟目标一定能够实现。这意味着我国人民将迎来更加美好的生活！

第三，四次经济变革强有力地促进了中国作为一个大国的崛起，中国的崛起又成为巩固和加强维护世界和平的一个最重要因素。

这一点是与中国的和平崛起直接相联系的。世界近现代史表明，大国的崛起都与战争相联系。远的不说，第一次世界大战就是德国崛起与英法等老牌帝国主义国家争夺殖民地而引发的。第二次世界大战的爆发也是源于这一点，同样，这次大战初期苏德战争的爆发源于德国的帝国主义制度，是希特勒把战争强加在苏联头上，并不是源于苏联的社会主义制度。

中国的和平崛起从根本上改写了世界大国崛起的历史，这并不是偶然的现象，而是社会主义政治经济制度本质在对外关系方面的反映，是发展中国社会主义事业不可或缺的一翼，是

---

① 《中国共产党第十九次全国代表大会文件汇编》，第 23 页。

发展这一事业所必需的制度安排。因此，在 1949 年新中国成立时就在起临时宪法作用的《中国人民政治协商会议共同纲领》中向全世界庄严宣告："中华人民共和国可在平等和互利的基础上，与各外国的政府和人民恢复并发展通商贸易关系。"①1954 年周恩来总理依据发展对外关系工作经验的总结，首次完整提出了"互相尊重主权和领土完整、互不侵犯、互不干涉内政、平等互利、和平共处"五项原则。其后，这方面政策得到了进一步发展与完善，并赢得了世界人民越来越广泛的支持。

党的十八大以来，习近平总书记又"倡导构建人类命运共同体，促进全球治理体系变革"。②这项重大构想将会给世界人民的和平发展和进步事业带来极其广泛、极其深远的影响，以至实现全球治理体系的根本变革。

中国由四项经济变革形成的强大基础对世界人民的贡献还体现在抗击新冠肺炎疫情方面。这次世界范围内发生的新冠肺炎疫情，是第二次世界大战以来发生的最严重的一次疫情灾害。疫情的传染力极强，伤亡率极高，给世界人民的生命财产

---

① 《中国人民政治协商会议文件选集》，第 53 页。
② 《中国共产党第 19 次全国代表大会文件汇编》，第 6 页。

造成了极大损害和威胁。

2020 年初，拥有 1000 多万人口的武汉市出现了严重的新冠肺炎疫情，但中国只用了近一个月的时间就打赢了抗击武汉疫情保卫战。2022 年 3 月，拥有 2000 多万人口的上海市又出现了严重疫情，中国也只用了近两个月的时间打赢了上海疫情阻击战。同时遏制了疫情在全国蔓延的势头，使疫情趋于平稳状态。

这些重大胜利反映了中国社会主义制度固有的巨大优越性。例如，社会主义国家拥有集中社会力量办大事的优势，全国人民在团结一致抗击疫情方面具有最大的"同心圆"。

同时这也反映了在习近平新时代中国特色社会主义指导下，我们出台了一系列行之有效的抗疫政策，总的说来就是外防输入、内防反弹的总策略和动态清零的总方针。① 这些政策在武汉和上海抗疫保卫战中已经取得了巨大的成效。

显然，中国的抗击新冠肺炎的经验，对世界人民也有重要的借鉴意义。

---

① 见国家卫生健康卫生委员会新闻发言人的谈话，《人民日报》2022 年 6 月 3 日。

参考文献

［1］毛泽东.毛泽东选集:2卷［M］.北京:人民出版社,1991.

［2］毛泽东.毛泽东选集:3卷［M］.北京:人民出版社,1991.

［3］毛泽东.毛泽东选集:4卷［M］.北京:人民出版社,1991.

［4］习近平.把握新发展阶段,贯彻新发展理念,构建新发展格局［J］.求是,2021(9):1—6.

［5］陈真.中国近代工业史资料:4辑［M］.北京:三联书店,1961.

［6］严中平,等.中国近代经济史统计资料选辑［M］.北京:科学出版社,1955.

［7］国家统计局.伟大的十年［M］.北京:人民出版社,1959.

［8］朱伯康,施正康.中国经济史:下［M］.上海:复旦大学出版社,2005.

［9］中国科学院上海经济研究所,上海社会科学院经济研究

所.上海解放前后物价资料汇编:1921—1957[M].上海:上海人民出版社,1958.

[10]巫宝三.中国国民所得:上[M].上海:中华书局,1949.

[11]国家统计局.中国统计年鉴:1984[M].北京:中国统计出版社,1984.

[12]安格斯·麦迪森.中国经济的长期表现:2版[M].上海:上海人民出版社,2008.

[13]国家统计局.中国统计年鉴:1993[M].北京:中国统计出版社,1993.

[14]国家统计局.国民收入统计资料汇编:1949—1985[M].北京:中国统计出版社,1989.

[15]国家统计局.国民经济统计提要:1949—1986 [M].北京:中国统计出版社,1987.

[16]薄一波.若干重大决策与事件的回顾:上[M].北京:中国党史出版社,1991.

[17]国防大学党史党建政工教研室.中共党史教学参考资料:21 册[M].北京:人民出版社,1982.

[18]刘仲藜.新中国经济 60 年[M].北京:中国财经经济出版社,2009.

［19］中共中央文献编辑委员会.邓小平文选:2卷［M］.北京:人民出版社,1993.

［20］中共中央文献编辑委员会.邓小平文选:3卷［M］.北京:人民出版社,1993.

［21］中央财经领导小组办公室.邓小平经济理论:摘编［M］.北京:中国经济出版社,1997.

［22］国家统计局贸易外经统计司.中国贸易外经统计年鉴:2019［M］.北京:中国统计出版社,2019.

［23］国家统计局.中国统计摘要:2020［M］.北京:中国统计出版社,2020.

［24］国家统计局编.辉煌70年:新中国经济社会发展成就:1949—2019［M］.北京:中国统计出版社,2019.

［25］国务院发展研究中心市场经济研究所.改革开放40年［M］.北京:中国发展出版社,2019.

［26］中共中央宣传部.习近平新时代中国特色社会主义思想学习纲要［M］.北京:学习出版社,人民出版社,2019.